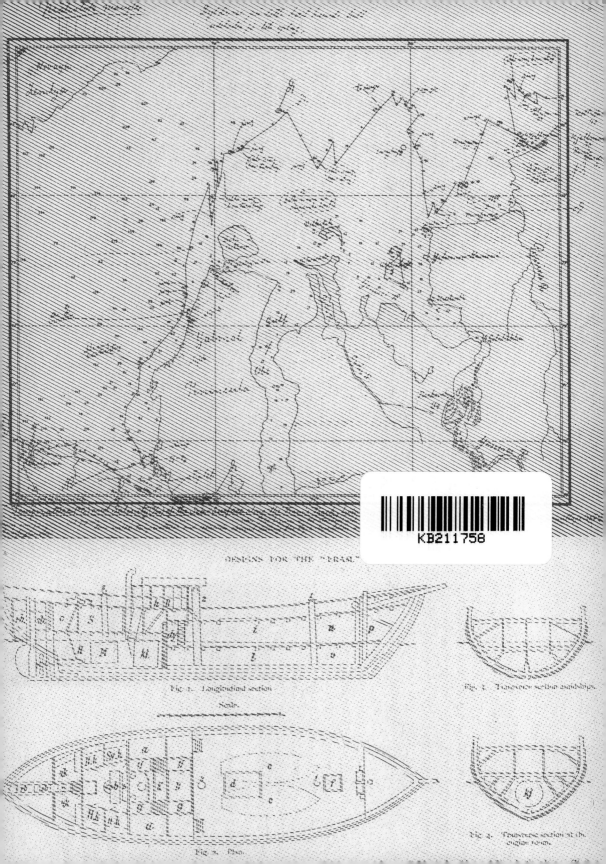

DESIGNS FOR THE "FRAM."

Fig. 1. Longitudinal section.

Scale.

Fig. 3. Transverse section amidships.

Fig. 4. Transverse section at the engine room.

Fig. 2. Plan.

◆ 일러두기 ◆

– 『난센여권』은 서울 이태원동 복합문화공간 테이크아웃드로잉에서
  2013년 8∼9월에 진행한 '난센여권 워크숍'의 프로젝트 결과물입니다.
– '난센여권'은 제1차 세계대전 이후 전쟁난민 구제에 힘썼던 노르웨이
  탐험가 프리드쇼프 난센이 1922년 제네바에서 발행한 난민들의 신분
  증명서입니다.
– 제목에 사용한 '난센여권'은 난센재단 Fridtjof Nansen Institute의 동의를 구해
  사용됨을 밝힙니다.

난센여권

난센여권

초판 1쇄 인쇄 | 2014년 1월 31일
초판 1쇄 발행 | 2014년 2월 7일

지은이 | 최소연

펴낸이, 편집인 | 윤동희

편집 | 김민채 임국화
기획위원 | 홍성범
디자인 | print/out(이진아)

기획 | 최소연
〈난센여권〉 워크숍 기획 | 최소연 최장원
사진 | 최소연 최장원
번역 | 한주예

종이 | 갱판지 280g(표지)
　　　중질지 70g(본문)
마케팅 | 방미연 김은지
온라인 마케팅 | 김희숙 김상만 한수진 이천희
제작 | 강신은 김동욱 임현식
제작처 | 영신사

펴낸곳 | (주)북노마드
출판등록 | 2011년 12월 28일 제406-2011-000152호

주소 | 413-120 경기도 파주시 회동길 216
문의 | 031.955.8869(마케팅)
　　　031.955.2646(편집)
　　　031.955.8855(팩스)
전자우편 | booknomadbooks@gmail.com
트위터 | @booknomadbooks
페이스북 | www.facebook.com/booknomad

ISBN | 978-89-97835-43-0　03330

○ 이 책의 국립중앙도서관 출판시도서목록(CIP)은
　 e-CIP 홈페이지(www.nl.go.kr/cip.php)에서
　 이용하실 수 있습니다. (CIP 제어번호: CIP 2014002388)

난센여권

난민을 위한,
세상 어디에도 없는 여권 한 장

북노마드

차례

Nansen Workshop_ 활동가

Text_ 문을 닫으며

Kiosk_ 선반

'난민인권센터'는 구로구 가리봉동에 베이스캠프를 두고 활동하는 NGO로서 난민들의 활동 및 인권 보호를 지원하는 센터입니다. 2013년 봄, 난민인권센터로부터 온 초대장이 계기가 되어 이메일을 보내고 인연을 맺게 되었습니다. 지난 '2008 제주인권회의'에 참여하면서 만들어진 인연이라는 것은 나중에야 알게 되었습니다. 몇 차례 발걸음을 하게 되면서 김성인 사무국장님, 활동가들과 함께 지어 먹는 점심식사의 매력에 빠졌고, 이 특별한 점심에 예술가들도 초대했습니다. 활동가들이 청춘의 귀중한 시간을 난민 지원에 많은 부분 할애하면서 세상 저편에서 온 '난민'들과 함께 하는 모습에 노트를 펴고 그들의 이야기를 옮겨 적었습니다.

난민인권센터 선반에서 구입한 『포토보이스』는 난민들이 워크숍을 통해 쓴 편지를 엮은 책인데 그 편지들을 제 노트에 적어보면서 이상한 경험을 했습니다. 편지를 옮겨 적는 것뿐인데, 편지를 쓰는 사람의 '마음'이라는 것이 전해지는 것이었습니다. 이상한 일입니다. 만년설이 내려앉은 산 속에서 움직이는 무언가를 만난 것 같은 느낌이었습니다. 그들은 자신의 고국으로부터 박해를 받은 후 엄청난 용기를 내고 탈출해 우리 도시 어딘가에 살고 있는 '행동하는 시詩'입니다. 이들의 공통점은 우리가 놓치고 있는 무언가 중요한 것들을 자신들의 존재 그 자체로 말하고 있다는 것이었습니다.

한국인권재단의 초대로 '2008 제주인권회의' '2010 제주인권회의' 기획위원으로 참여하면서 '난민'을 만날 수 있었고, 그렇게 어깨 너머로 '인권'에 대해 공부할 수 있었습니다. 한국사회의 인권 최전방에 계신 분들 그리고 우리 도시 곳곳에서 가족공동체보다 더 돈독한 사회적 안전망을 만들어가는 분들과 함께 한 달에 한 번씩 모여 기획회의를 하면서, 눈과 마음은 아주 조금씩 훈련되고 있었습니다.

제 발걸음이 가리봉동으로 종종 향하게 되면서, 당시 테이크아웃드로잉 레지던시 프로그램에 '방으로의 여행'이라는 주제로 체류중이던 두 건축가(최장원, 정예랑)와 '난민'에 대한 이야기를 많이 나누게 되었습니다. 그런 대화의 과정에서 두 건축가는 흥미로운 그림을 그렸습니다. 최장원은 그가 만난 열두 개의 방 중 하나의 방에 대한 여행기로서 난민인권센터에

대한 드로잉을 제안했습니다. 정예랑은 쪽방에 대한 작품을 발표하면서 난민 인권에 대한 공감대를 형성할 수 있었습니다. 두 건축가의 작품에서 '사람'과 공간에 대한 치열한 고민을 시작한 흔적을 엿볼 수 있었습니다.

그즈음 광주에서 열린 '2013 세계인권도시포럼'에 토론자로 참여했다가 포럼이 내건 '모두를 위한'이라는 대전제와 '인권도시'라는 비전으로 진행된 발제들을 들으면서 심한 공허함을 느꼈습니다. 개발과 도시, 건축과 클라이언트, 부동산과 도시의 이종교배 속에서는 우리 도시가 사람들이 잘 살기 위해 설립한 공동체가 되는 것이 불가능한 것처럼 느껴졌기 때문입니다. 그러면서 제 관심은 '도시'에서 '동네'로 그리고 더 작은 단위인 '방'으로 모였습니다. 우리

모두가 만든 도시 속에 우리는 '방' 하나도 추스르지 못하는 공간 감각을 가진 무능력한 시민들로 길러지고 있었지만, 〈방으로의 여행〉 전시를 통해 공간에 대한 꿈과 기억 그리고 괜찮은 문화 DNA를 발견할 수 있었습니다. 이 문화 DNA로 인해 자발적으로 만드는 삶의 공간들이 지속 가능하게 된다면, 우리가 사는 동네와 마을 그리고 도시를 현재와 다른 모양새로 그릴 수 있겠다는 꿈도 꾸어봤습니다. 헛된 것만 같은 꿈은 도시의 모양새를 안줏거리 삼는 일보다는 흥이 나는 일이었습니다.

매년 6월에는 전 세계 공통으로 열리는 '난민주간'이 있습니다. 우리가 자주 가던 난민인권센터는 한국에서 처음으로 열리는 '2013 난민주간' 축제를 맡아 진행했고, 난민인권센터의 활동가들은 기획을 위해 테이크아웃드로잉 사무실에 진을 치기 시작했습니다. 갑작스럽긴 하지만 전 세계 공통으로 일주일간 시민들이 난민에 대한 이해를 높이는, 난민주간 축제를 함께 만들어보는 것에 의미가 있다고 판단하고 준비가 많이 부족한 상황에서도 함께 머리를 맞댔습니다. 애초 예산 없이 시작한 행사라 때때로 후회하기도 했지만 주체적으로 이 축제를 이끈 활동가들의 열정으로 떠난 여정이었습니다. 주체적으로 행사를 이끈 김영아 활동가를 비롯한 난민인권센터의 난센지기들의 열정으로 '2013 난민주간 점들의 이야기 축제'가 열렸습니다. 광화문광장에서 각 단체들이 시민들에게 난민을 소개하고, 최장원 작가의 작품 〈점들의 이야기 축제〉에 쓰인 2미터 크기의 공 열두 개가 난민에 대한 이야기를 담고 시민들과 만났습니다. 서울 곳곳에 영구 설치된 수억에서 수십억 원에 이르는 공공조형물들에 비하면 일시적일지도 모릅니다. 그 열두 개의 색 공들의 퍼포먼스는 난민들의 삶 그리고 그들의 여정과 많이 닮아 있었습니다. 광화문광장에서 시민들이 만지고 잠시 함께 굴리는, 미약하기 그지없는 이 예술적 제스처를 지켜보며 이러한 행위가 어떤 미래와 닿을 수 있을까 궁금해졌습니다. 그리고 이 과정을 영상으로 제작해 호주와 런던 난민주간 네트워크에 보내면서 전 세계 난민 지원 네트워크와 심리적 연대를 형성할 수 있었습니다. 난민주간은 예술이 미술관 밖에서 세상과 만나는 작은 지점 하나가 섬광처럼 발현되었다가 사라지는 그런 기간이었습니다. 난민주간 축제가 끝나고 나면 난민들은 다시 피난처로 선택한 이곳 한국에서

무국적자이자 비시민으로서 일상을 삽니다.

난민주간이 계기가 되어 국내 난민 지원 네트워크 열 개 단체들을 만나게 되었고, 마지막 날은 이태원 테이크아웃드로잉으로 이들을 초대했습니다. 그 계기로 이 책에 소개되는 헨리 무툼바 등 이태원에 거주하거나 이곳을 거점으로 하는 난민들이 꽤 많이 있음을 알게 되었습니다. 제가 오랫동안 살고 있고 일하고 있는 이 동네가 다시 보였습니다.

노트 한 편에 난민들의 편지를 베껴 쓴 것을 시작으로 난민들과 그들을 둘러싼 관계망을 확인할 수 있었습니다. 이 관계망은 아주 작고 연약해서 난민들이 한국에 정착하는 동안 겨우 길을 잃어버리지 않을 정도의 역할을 하고 있

었습니다. 이 역할을 하고 있는 사람들은 정부나 정책이 아직 따라가지 못하는 곳에서 자발적으로 그 모든 과정을 하나씩 헌신적으로 일구어 나가고 있습니다. 실낱같은 관계망을 통해 난민들은 우리사회 곳곳에서 생존, 자립하고 있으며 세상을 바꾸는 사람들로 존재하고 있었습니다.

'난민'이라는 주제에 몰두하는 동안 주변에서 조언들도 많이 해주셨고 그만큼 걱정도 많이 해주셨습니다. "난민 프로젝트를 하면 망한다, 기업의 후원을 우선 받고 그후에 지속적으로 연구해라, 예술가들에게 예산을 주고 이 주제로 정확한 작품을 요청해라, 1년 동안 몰입할 수 있는 다섯 명쯤의 외부 디렉터나 큐레이터를 선정하고 목표를 정해 일을 시켜라, 인

권이라는 말을 빼라……" 주변의 걱정대로 한다면 제 삶과 아무런 관련이 없는 것처럼 공허하게 느껴졌습니다. 마음이 움직이지 않았습니다. 마음은커녕 머리로 생각해도 엇박자였습니다. 많은 분들이 걱정하신 만큼이나 '난민'이라는 주제는 너무 방대해 목표나 목적을 세우지 않고 그냥 들어가야 할 것만 같았습니다. 그렇게 아무 윤곽도 잡지 않은 채 워크숍을 진행했습니다. 프로젝트화하는 것 자체가 목적이 되지 않도록 몇 번이고 다시 구조를 살폈습니다.

제가 좋아하는 한 예술가 친구가 이런 말을 했습니다. "마음을 회복하려면 공감의 언어를 발명해야 해. 새로운 언어를 새기 잃은 심정으로 헤매어 찾다보면 어느 순간 몸에 붙는 순간이 오는데, 그때 예술품을 얻는 것이 아니

라 잃어버린 것을 찾는 거지. 원한Ressentiment 으로는 세상을 바꿀 수 없어. 프리드리히 니체 Friedrich Nietzsche의 선畢사상, 선으로 자기 안의 신성을 찾아야 해." 친구가 말한 니체의 원한이 갖는 '원망'의 감정에 자꾸 신경이 쓰였습니다. 고통의 감정을 공감할 수 있는 사람을 찾는 것이 유일한 수단이라는데 답을 외부가 아니라 내부에서 찾을 수 있을까? 외부가 아닌 내부란 어디일까? 그런 질문을 하다가 마음이 움직이는 곳이 내부일 수 있겠다는 생각이 들었습니다.

〈난센여권〉 워크숍을 고안하면서 염두에 둔 것이 한 가지 있다면, 난민들과의 만남을 '예술적'으로 만들고 싶다는 것이었습니다. 그리고 어디에 가닿게 될지 모르는 이 '여정'에 일관된 흐름을 잡기 위해, 공통 질문을 두되 참

여자가 자유롭게 발언하도록 지면과 시간을 넉넉하게 마련하기로 했습니다. 우리가 한 일은 질문의 문을 열고 인터뷰이가 스스로 자신의 과거-현재-미래의 문을 찾도록 함께 걸으며 기록하는 것뿐이었습니다. 이 과정에서 워크숍이 〈컬러 캠프〉로 자연스럽게 진화하면서 우리가 만나는 사람들의 삶의 여정이 하나의 '문'에서 하나의 '색'으로 호명되는 작업장이 되는 것을 발견하게 되었습니다.

어떤 사회의 시스템들은 끊임없이 한 개인의 자유를 강압적으로 억압하고 속박합니다. 전쟁난민과는 다른 형태인 '자발적 난민'들이 스스로 난민을 선언하는 그 선택을 존중할 수 있어야 합니다. 자신이 태어나 자란 모국, 한 나라의 국민 자격을 스스로 깨뜨리고 국가의

보호를 더이상 받고 싶어 하지 않는 이유를 들어보아야 합니다. 한 국가나 자신이 속한 공동체로부터 더이상 아무것도 기대할 수 없으며, 생명에 지장까지 받는 '박해' 상황에 대한 고백은 한 개인의 문제를 넘어섭니다. 한국에서 만난 난민들은 새로운 삶의 가능성을 한국에서 찾고자 하는 열망의 발현입니다. 이번 여정을 통해 난민을 '인권' 개념만으로 바라볼 수 없는 이유가 여기에 있습니다. 그들이 증언하는 '세계의 파국의 현장들' 그리고 그것을 컬러로 상징하며 이야기할 수 있는 '난민들의 역량'을 발견합니다. 인권의 테두리만으로 난민을 이해하기에 그들이 담고 있는 이 세계의 함축은 너무나 강렬합니다. 한국을 찾은 난민들로부터 타자화된 전 세계 곳곳의 통증을 우리 가까이에서 만날 수 있었습니다.

나치가 유대인의 국적을 강제로 박탈해 시민으로서의 지위를 빼앗고 난민으로 만든 후, 강제 수용하고 결국은 몰살시켰던 역사 때문에 독일은 현재까지도 그 과거로부터 자유롭지 못합니다. 그 억압으로부터 탈출해 살아남은 유대인들이 그 현장을 증언합니다. 독일은 혹독한 대가를 치르며 변화했고, 지금도 변하고 있습니다. 만일 난민들이 호소하는 저 세계의 불편한 진실들이 모두 사실이고 그로 인한 희생이 이렇듯 계속되어 우리가 사는 21세기에 나치시대보다 더한 만행과 억압이 세계 곳곳에서 일어나고 있다면, 우리는 그 이야기에 귀 기울여야 합니다. 그들이 난민을 선언한 이곳 한국에서 우리는 태도를 갖추고, 그들이 변화시키고 싶어 하는 그들의 모국 이야기를 경청해야 합니다. 어쩌면 우리가 민주화 과정을 거치기 이전의 과거, 일제강점기, 한국전쟁, 광주 민주화 운동과 같다고 할 수 있을 것입니다. 난민 지위 심사를 위한 절차상의 인터뷰를 하는 출입국관리소 난민심사관이나 난민 인정 불허처분 소송에서의 변호사와 판사만이 아니라, 우리 모두가 들어야 할 소리입니다.

난민들이 한국에서 생존하며 자신을 세우고자 하는 이유는 모국의 상황을 바꾸고자 하는데에 있습니다. 우리는 난민과 대화하고 발언하고 무언가를 꾸려보는 이 워크숍이 그들이 생존하며, 미래를 구상할 수 있는 작업장이 되기를 꿈꾸어봅니다. 미술작품만이 예술이 아니고 도시나 건물을 짓는 것만이 건축이 아니라면, 우리가 난민들과 함께 나누는 대화도 예술이 되고, 우리가 발견한 색들도 새로운 건축이

될 수 있지 않을까 생각합니다.

이 책이 오래 전 실제로 작동했던 프리드쇼프 난센Fridtjof Nansen의 '난센여권'처럼 난민이 가지고 있지 않은 통행의 자유를 보장해주지는 못할 것입니다. '세계여권'처럼 개인의 정체성을 지키고, 자유롭게 이주할 수 있도록 보조하는 문서로서의 중립적인 위치를 유지시켜주는 것도 어려울 것입니다. 그러나 한국을 유일한 탈출구로 찾아온 난민들의 고단한 여정을 더이상 고립되지 않게 하고, 이 책을 읽는 독자들이 난민들의 세계로 들어가 뜻밖의 여행을 할 수 있는 그런 여권이 되기를 기대해봅니다. 한국이 난민들에게 스스로 발언하고 성장하고 꿈을 키워나가는, 자유를 주는 넉넉한 공동체가 되기를 희망해봅니다.

최소연 / 테이크아웃드로잉 디렉터

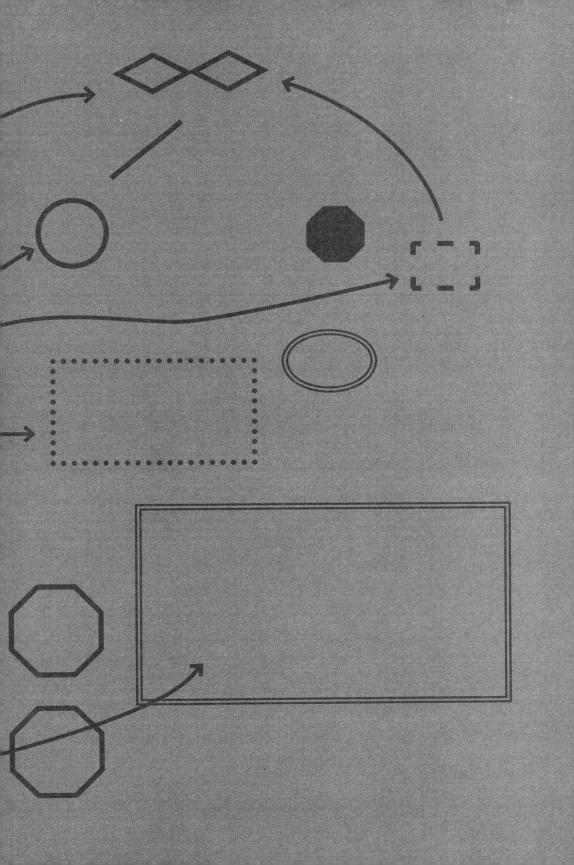

Text

문을 열며

선주민 권리에 대한 국가의 태도

로넬 차크마 나니 / Ronel Chakma Nani

선주민의 환경, 인권, 권리

한국에서 '선주민先住民, Indigenous People'이라는 말은 낯선 단어일 수 있다. 몇 년 사이 국제결혼과 이주노동의 증가 그리고 고등교육이나 첨단 의료서비스의 발견 등을 이유로 한국에 외국인의 이주가 증가했다. 단일민족국가라는 한국사회는 이러한 변화에 따라 다민족주의 및 상호문화주의 개념에 점진적으로 익숙해지게 되었다. 제2차 세계대전 이전에 한국인들은 일본의 식민 지배와 민족 편견을 경험한 바 있다. 선주민의 인권에 대한 이슈는 한국인에게는 보다 심도 있는 역사적 가치를 지닐 수도 있다. 선주민에 대한 본격적인 논의에 앞서 이른바 국가의 '개발 프로그램'으로 인한 환경 악화에 대한 우려와 불안정한 선주민들의 현재를 묘사한 한 선주민의 시를 소개하고자 한다.

As long as

우리가 물고기가 헤엄치는 물을 가지고 있는 한
우리가 순록을 방목하고 뛰어 놀게 할 수 있는 대지를 가지고 있는 한
우리가 야생동물이 숨을 수 있는 땅이 있는 한
우리는 이 땅에서 위안을 받을 수 있다
우리의 가정이 파괴되고 우리의 땅이 황폐화되면
우리는 어디서 살 것인가?
우리의 땅, 우리의 산림은 점점 줄어들고
호수는 솟아오르고
강은 말라가고
시냇물은 구슬픈 목소리로 노래하고
대지는 검게 물들고 푸른 초목은 시들어가고
새들은 침묵 속에 떠나가고
우리가 받았던 모든 좋은 것들
우리의 가슴에 닿지 않는데
우리의 윤택한 삶을 위해 만든 것이

이렇게 쓸모없어져 버리는가
단단한 돌길은 우리의 움직임을 고통스럽게 한다
황무지 속의 사람들의 평화는 그들의 가슴속에 흐느낀다

급박한 시간 속에
우리의 피는 흐려져 간다
우리의 화합은 지쳐간다
물이 포효하며 끊어진다

– Sammi, Paulus Utsi / 마가렛 레이니(번역)

선주민은 가장 고립된 집단이다. 거의 모든 국가에서 정치적으로 억압받고 있으며 사회적 · 경제적으로 많은 불이익을 당하고 있다. 사실상 선주민들은 '부족민' '원주민' '소수 민족' 등으로 때에 따라 각기 다르게 불린다. 선주민을 의미하는 다양한 용어들은 공통적으로 제3자에게 통치당하거나 지배당하고 있는 집단이라는 것을 의미하고 있음을 알 수 있다. 선주민이라는 용어가 공식적으로 인정되는 국가 역시 많지 않다. 많은 국가들과 관련 분야 학자들 사이에서도 '선주민'의 개념과 정의에 혼란이 존재한다. 'Indigenous(원산의)'에 대해 보편적으로 통용되는 정의는 없다. 하지만 'Indigenous People(선주민)'은 다음과 같이 정의된다.

"선주민 공동체는 특정 영토에서 침략 이전 및 식민

지배 이전 사회와 역사적 연속성을 지녔으나, 그 영토 혹은 일부의 영토에 기반을 둔 지배적인 사회와는 자신을 별개로 여기는 민족 및 국가이다."

— 호세 R. 마르티네스 코보

한 민족 또는 인종으로서 그 민족 혹은 국민으로서의 정체성을 갖고 공동의 운명을 결정짓고자 하는 의지를 지니며 역사적·민족적·종족적·언어적·문화적·종교적 또는 영토의 공동 유산으로 묶여 있는 집단이다.

— UNPO

넓은 의미로는 독립적인 정치적·역사적 배경을 가지고 있음에도 불구하고, 현재는 특정 주권 국가에서 특정 인종 혹은 민족에 의해 지배를 받고 있는 '인종' 또는 '민족'을 의미한다.

선주민은 세계 인구의 약 5퍼센트를 차지하고 있다. 약 3억 7천만 명의 선주민은 전 세계 90개국, 5천 개의 서로 다른 집단에 속해 있다. 선주민은 전 세계의 모든 지역에 걸쳐 거주하고 있으며 그중 약 70퍼센트가 아시아에서 살고 있다. 이들은 일반적으로 고유의 문화, 전통 및 언어를 가지고 있다. 오늘날 선주민들은 4천여 개의 언어를 사용하고 있다. 선주민들이 거주하는 대부분의 국가나 지역에서는 노동 착취, 개발을 구실로 한 토지 몰수, 문화 침략, 강제 이주, 공동체(인종적) 습격 등 다양한 형태의 인권 침해가 발생하고 있다는 것 또한 외면할 수 없는 선주민의 현실이다. 이러한 문제는 전 세계 빈곤 문제의 15퍼센트, 전쟁 발발 원인의 60퍼센트를 차지한다.

가장 쉽게 이해할 수 있는 선주민의 예로는 북극의 이누이트(캐나다 북부 및 그린란드와 알래스카 일부 지역에 사는 종족)가 있다.

"선주민은 전 세계의 모든 지역에 걸쳐 거주하고 있으며
그중 약 70퍼센트가 아시아에서 살고 있다.
이들은 일반적으로 고유의 문화, 전통 및 언어를 가지고 있다.
오늘날 선주민들은 4천여 개의 언어를 사용하고 있다."

그 외에도 아메리카 원주민, 아마존 수렵인, 동아프리카 마사이족 같은 전통적인 목축민, 필리핀의 부족민, 방글라데시 줌머인, 일본의 아이누(홋카이도와 러시아의 사할린, 쿠릴 열도 등지에 분포하는 소수민족), 호주 원주민 등이 있고 그 외에 남아시아와 남반구 지역의 많은 선주민 집단이 있다.

선주민들의 거주 지역과 환경

선주민은 대부분 소외되고 고립된 조건 속에서 살고 있다. 외진 산악지대, 짙게 우거진 산림지대 혹은 현대적인 교육이나 의료시설, 통신 시스템이 제대로 갖춰져 있지 않은 지역에 살고 있다. 그들은 천연제품을 사용하며, 그들의 삶과 주된 생계수단은 자연과 밀접한 관계에 놓여 있다. 선주민이야말로 자연환경 보존자이며 지구의 파수꾼이다. 그들이 의존하며 사는 자연환경을 보호하는 데 기여하는 삶의 방식에서도 알 수 있다. 세계야생동식물기금WWF, The World Wildlife Fund에서 선정한 생물의 다양성이 가장 뛰어나며 동시에 가장 위협받는 200곳 중 95퍼센트가 선주민들의 거주지역이라는 점은 우연이 아니다. 그러나 선주민 공동체와 그들이 지키고 있는 환경은 채광, 석유 추출, 댐 건설, 벌목 및 농공 프로젝트 그리고 정부의 개발계획에 공격받고 있다. 일반적으로 하천, 저수지, 숲과 같은 선주민 삶의 터전에서 얻어지는 천연자원이 주된 개발대상이다. 토착주민의 강제 이주를 야기하는 개발사업들은 그들의 전통적 삶과 문화를 파괴한다.

일례로 인도는 독립 이후 3천 개의 댐을 건설했고, 댐 건설로 인해 강제이주된 인구 중 40퍼센트가 아드바시스Adivasis족인데, 이들은 인도 전체 인구의 6퍼센트를 차지한다. 필리

핀에서도 선주민 지역에 대규모 댐 건설로 그곳 선주민들이 같은 처지에 놓이게 되었다. 방글라데시의 치타공 산악지대에 위치한 캅타이 Kaptai 댐은 많은 사례들 가운데 가장 문제를 가지고 있다고 할 수 있다. 캅타이댐 은 1960년에 미국의 재정지원을 바탕으로 수력발전을 위해 방글라데시 랑가마티 Rangamati 지구 캅타이의 카르나풀리 Karnafuli 강에 건설되었다. 댐 건설을 위해 가장 비옥한 토지의 40퍼센트를 포함한 1036제곱킬로미터를 수몰시키고 수십 만 명의 줌머인들을 그들의 고향에서 강제이주시켰다. 줌머인의 4만 명 정도가 인도로 이주하여 취약한 상황 속에 난민으로 살고 있고, 2만여 명은 미얀마(버마)로 이주하였다. 댐 건설의 간접적인 결과로, 원주민과 방글라데시 정부 간의 1997년까지 약 20년에 걸친 내전으로 인해 선주민과 비선주민 2만여 명이 사망했다.

많은 국가에서 선주민들의 거주지역은 국가의 지원을 통해서라도 거주자들을 이주시켜야 할 곳으로 지목되고 있다. 그 결과로 선주민 및 그들의 문화와 전통은 인구 통계상의 위협을 받게 되었다. 뿐만 아니라 환경오염, 공동체 집단의 긴장(충돌), 전쟁 및 빈곤으로 인해 자연환경 및 자원이 파괴될 위험에 놓이게 되었다. 선주민사회는 커다란 용기와 기술로 침략에 저항하고 있으나 그들의 저항은 정부와 기업에 의해 대부분 무시되고 있다.

폭력과 무단정치는 선주민 토착지역의 참혹한 현실이다. 전 세계 거의 모든 지역에서 선주민은 폭력과 무단정치에 의해 강제이주 당하고, 이에 뒤따른 여파에 시달리고 있다. 토착민 영토에서의 무단정치는 토착민의 생활 방식과 생존을 위협하는 직접적인 요인이 된다. 토착민 공동체가 선조들로부터 이어받은 신성한 땅, 숲과 물의 오염 그리고 야생 동식물의 생활 터전 파괴와 같은 부작용을 야기한다. 또한 무

"선주민이야말로 자연환경 보존자이며

지구의 파수꾼이다."

단정치는 무력충돌뿐만 아니라 무장 세력에 의한 여성 강간이나 성폭력도 포함하는데, 일부 무장세력은 선주민 여성을 농락하거나 성희롱, 강간 또는 납치하기도 한다.

진정한 형태의 국가 발전은
선주민들의 권리와 멀어질 수 없어

선주민에 대한 차별은 일반적인 관례라고 할 수 있다. 선주민들은 국가와 정부 당국의 조직적인 차별과 명백한 인종차별주의에 대한 우려를 수시로 제기한다. 차별은 다양한 모습으로 나타나는데 안보 및 이동의 제약, 정부기관과 공무원에 비협조 등의 이유로 안보군 및 법집행기관에 의해 불필요하고 불법적으로 자주 검문 및 취조를 당하는 것이 한 예다. 그들의 가장 극단적 차별의 형태는 강간치사와 또

다른 형태의 폭력이 있는데, 이는 심각한 인권 침해 수준에 있다. 이러한 형태의 차별은 정부 당국에 의해 문서화되지 않기 일쑤이며, 민족성을 기반으로 인종차별 정책은 폐지되지 않는다. 이러한 폭력은 방글라데시나 미얀마를 포함한 대부분의 국가에서 선주민에게 행해지는데, 그 이유는 민주적 관례의 부족과 소수민족의 권리에 대한 인식 부족 때문이다.

선주민의 권리 인정은 얼마 되지 않았다. 1982년에 선주민 인구에 대한 협의단이 만들어지고 이후 1989년에 국제노동기구 ILO, International Labour Organization 협약 169조가 채택되면서 유엔 내에서 인정받게 되었다. 2007년 유엔총회에서 유엔 선주민의 권리선언인 UNDRIP UN Declaration of the Rights on the Indigenous People이 채택되며 사실상 선주민의 권리에 보편적 인식을 제공하게 되었다. 선주민의 권리에 관한 유엔선언은 다음과 같은 선주민의 생

"폭력과 무단정치는 선주민 토착지역의 참혹한 현실이다.
전 세계 거의 모든 지역에서 선주민은 폭력과 무단정치에 의해 강제이주 당하고,
이에 뒤따른 여파에 시달리고 있다."

득권에 초점을 맞추고 있다.

◆ 유엔 선주민 권리선언에 기반을 둔 자결권은 천연자원 관리에 관한 선주민의 생득권 의미
◆ 조상의 땅, 영토 및 자원에 대한 집단 및 개인의 권리
◆ 토지, 영토와 자원에 대한 권리의 제어 및 관리
◆ 공동체 집단의 자체기관 및 당국의 자치
◆ 자치개발(집단의 토지, 영토 및 자원에 대한 보전과 개발 옵션에 관한 의사결정권 의미)
◆ 땅, 영토, 자원, 사람 관련 보존 및 개발작업에서 얻은 이익을 공정하고 공평하게 공유
◆ 전통 지식 보존, 개발, 활용 및 보호

2007년 9월 13일 유엔총회에서 유엔 선주민의 권리선언이 채택되었지만, 이를 환영하거나 긍정적으로 반응하는 국가는 그리 많지 않았다. 미국, 영국, 호주, 뉴질랜드 등 많은 국가들은 유엔 선주민의 권리선언에 대해 부정적인 입장이었다. 유엔 선주민의 권리선언이 주로 선주민의 자결권이나 자율성을 중점으로 두고 있는 까닭에 국가를 통치하는 정부의 입장에서는 이를 국가 주권의 위협으로 인식하기 때문이다. 방글라데시 등 많은 국가는 노골적으로 그들의 영토 내 선주민의 존재나 토착민을 원주민으로 인정하기를 거부한다. 반면 2007년에 유엔 선주민의 권리선언 채택에 반대했던 호주는 2008년 토착 원주민과 토레스 해협 원주민들에게 사과하기도 했다. 일본 정부도 홋카이도와 일본 북부지역에 거주하고 있는 아이누족을 '선주민'으로 공식적으로 인정하기 위한 단계를 밟았고, 아이누족의 권리 보호를 위한 정책을 채택했다.

단순한 경제개발 성취를 문명화 혹은 선진화된 것이라는 주장을 더는 이해할 수 없다. 사회문화적, 민족적 혹은 다른 형태의 차별이 없고 모든 인간의 가치가 존중되고, 모든 민족

◆ 참고문헌 ◆

Mililani Trask, "Emerging Issue", *State of the World's Indigenous Peoples*, United Nations, New York, 2009.

Joji Carino, "Poverty and well-being", *State of the World's Indigenous Peoples*, United Nations, New York, 2009.

United Nations Permanent Forum on Indigenous Issues (UNPFII – 11th Session)

PCJSS Publications: Kaptai Dam and Indigenous Jumma people in CHT

unpo.org

culturalsurvival.org

이 자유를 보장받는 사회가 진정한 형태의 발전된 사회 혹은 국가라고 할 수 있다. 선주민들에 관한 차별과 지배가 사라지기 전까진 전쟁과 불안은 지속될 것이다. 유엔 선주민의 권리선언의 이행은 경제 발전, 정치 안정, 평화를 추구하는 모든 국가에 큰 도전이 아닐 수 없다.

우리에게 존재하지 않는 단어

전성은 / 건축가

관념상의 난민과 실존하는 난민

우리 곁에 존재하지만 미처 그 존재를 의식하기 전까지 인식하지 못하는 단어들이 있다. 우리의 일상에서 인지 가능한 범위 밖에 있는 단어는 대체로 인간이 놓이는 상태를 나타내는 단어일 경우가 많은데, '난민'이란 단어는 유독 그렇다. 난민이란 단어를 모르는 사람은 없다. 그러나 난민이라는 상태에 대해서 자기 자신의 상황과 인접해서 생각해볼 기회를 가지고 있는 사람이 지금 현재, 과연 몇 사람이나 될까? 이러한 질문은 1950년 한국전쟁이 겨우 60년 정도 지난 대한민국의 국민들에게는 발생할 수밖에 없는 당연한 감각이라고 질타를 받을 수도 있다. 이처럼 우리도 가까운 역사 안에서 '피난민'이 되었던 적이 있다. 전쟁에 대한 이야기를 부모 세대로부터 듣고 자랐으며, 휴전 상태의 불안함을 안고 살아가는 특수한

한국적 상황에서 왜 내게 난민이란 단어는 그리도 멀게만 느껴졌던 것일까?

처음 나에게 '난민'이란 주제가 던져졌을 때, 나는 관념상의 난민을 말하는 것인가? 하고 생각했다. 그러한 생각이 들었던 것은 현대인들이 살아가고 있는 도시의 변화를 주목해보면 광의적 의미에서 우리는 유목민이라는 사실을 부정할 수 없기 때문이다. 오랫동안 그곳에 거주했던 사람들이 도시개발 과정에서 자본의 폭력에 의해 쓰나미처럼 쓸려나가게 되어 난민과도 같은 상태가 되는 현실이 오히려 내 일상 가까이에 존재한다고 생각했기 때문이다. 그러나 그러한 관념상의 난민만이 아니라 실제적이고 구체적인 난민들이 이 나라에 있었다. 한국전쟁으로 대다수의 사람들이 남으로 내려가고, 북으로 올라가는 피난길을 떠났음에도 피난민들은 여기에 있었다. 국적 지위와 보상에 항거할 수 있는 지위를 여전히 가진 채로.

다시, 난민이란 무엇인가? 국제협약에서 규정하는 난민이란 다음과 같다.

인종, 종교, 국적 또는 특정 사회집단의 구성원 신분 또는 정치적 견해 등을 이유로 박해를 받을 우려가 있다는 충분한 근거 있는 공포로 인하여 자신의 국적국 밖에 있는 자로서, 국적국의 보호를 받을 수 없거나 또는 그러한 공포로 인하여 국적국의 보호를 받는 것을 원하지 아니하는 자를 의미한다.
– 난민의 지위에 관한 국제협약(1951)

그렇다면 이러한 국제협약에서 규정하는 난민의 지위를 가진 사람들이 실제 우리나라에 존재할까? 그렇다. 우리나라뿐만 아니라 지구상의 어느 곳에나 존재한다. 전쟁이나 종교적인 이유, 이데올로기의 차이로 더이상 본국의 지위를 가질 수 없을 때 한 개인은 '난민'이 된다. 난민이냐 아니냐를 판단하는 기준은 여러

가지가 있다. 흔히 물리적인 기준에 해당하는 것이, ID카드에 해당하는 신분증과 여권 그리고 주민등록증의 유무이다.

장소의 신분

물리적인 신분증으로부터 난민의 판단 여부를 심사하는 것에서 주목되는 것은 '장소의 신분'이다. 난민을 'refugee'보다 설명하는 의미의 'displaced persons'으로 본다면 그 의미가 더 빨리 와 닿을 것이다. 그들이 필요로 하는 것은 장소이며, 아이러니하게 그들에게 없어진 장소를 찾아간 곳에서 첫번째로 요구되는 것은 바로 장소의 신분이다. 즉, 나라와 주소는 한 사람의 신원을 설명하는 시작점이자 보증이다. 이것은 확인서이며 동시에 그 사람을 보호하는 것이고, 그 사람에게 책임을 물을 수 있는

그림 1

'곳'에 대한 보증서이다.

　인종, 종교, 국적 또는 특정 사회집단의 구성원 신분 또는 정치적 견해 등을 이유로 박해를 받을 우려가 있어 더이상 그곳에서 살 수 없는 상황에 놓이게 된 사람들이 난민이며, 이들이 필요로 하는 것은 피난처, 기거할 수 있는 장소이다. 그러나 이들이 찾아간 곳에서 이들에게 첫번째 요구되는 것은 그들이 가지고 올 수 없던 어느 나라 어느 지역 소속에 대한 증명서이다. 신분이 불확실하다고 여겨져서 잠시 체류하는 것도 허가가 내려지지 않는다. 따라서 스스로를 '난민'이라 선언하고, 난민의 신분을 허가받기 위해 각 나라에서 요구하는 절차를 밟을 때에도 적지 않은 시간이 소요된다.

허공에 놓인 사람들

　이쪽 장소에서도 저쪽 장소에서도 소속되지 못하는 난민은 허공에 놓인 사람들이다. 엄연히 존재하고 있지만 자신을 보증해줄 수 있는 증서가 없어 존재하지 않는 사람처럼 허공에 놓이는 것이다. 이들이 필요로 하는 것은 단지 머무를 수 있는 장소이며 신원의 보증공간이다. 그 어디에도 소속될 수 없는 상태의 이들이 머물 수 있는 중립지역이 이들에게 주어지는 공간이며 장소이다.

중립지역

　중립지역은 이쪽과 저쪽의 중간지대이다. 중간지대는 보통 양쪽의 대척점에 쌍방 간의 합의로 이루어진 중립의 지역이다. 그 양쪽의 힘이 어느 일정 기간 작용하지 않은 듯하지만 사실은 약속에 의해 쌍방간의 힘이 균일하게

그림 2

작용하여 균형을 이루고 있는 〈그림 1〉과 같은 모델과 같다고 할 수 있다.

그러나 난민들에게 주어져야 하는 중립지역은 보편적인 중립지역과 그 형태가 다르다. 제3의 중간지대라기보다는 1-3, 2-3, 3-3……의 형태이다. 즉, 다른 지역에 들어가 있는 중립지역, 또한 모체로부터 경계에 의해 보호받는 함입된 형태의 중립지역이다.

2 type hole, 2 type boundary

이러한 모델을 간단히 대표할 수 있는 일상의 오브제가 바로 술의 온도를 유지하기 위해 작은 유리 홀이 함몰되어 있는 술병이다. 이 형태의 모델은 외부로 열려 있는 홀이 두 개 있고 경계를 가지고 있다.

hole 1

한 개의 홀은 내부로 완전히 뚫려 있어 그 입구를 물리적으로는 쉽게 통과하여 들어갈 수 있고 나올 수도 있다. 그러나 이 쉬운 통과에는 전제조건이 있다. 물리적 지역의 신분증인 ID 카드를 가지고 있어야 하고, 이곳엔 각 지역의 나라를 증명할 수 있는 나라의 지번이 있다.

hole 2

유리병의 경계가 변형된, 호리병 안으로 오목하게 들어가 있는 홀은 사실상은 외부의 영역성을 갖는다. 그리고 이 공간은 어디에도 소속되어 있지 않은 곳이다. 경계가 변형된 형태의 홀은 큰 병의 일부가 변형된 형태로 모체의 보호 안에 존재한다. 모체와 독립될 수 있는 경

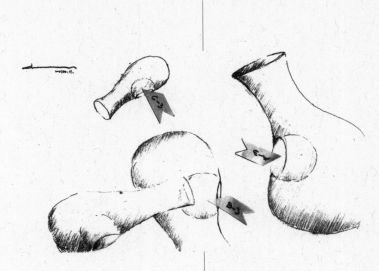

그림 3

계가 있다는 점에서 홀의 통과절차가 앞에서 본, 〈그림 1〉의 홀에 다다를 수 있게 된다. 즉, 이러한 구조가 난민센터의 모델이다.

boundary 1

일반적 형태의 경계이다. 한 국가의 경계를 의미하며 완전한 소속과 보호 그리고 책임이 따르는 영역성을 갖게 한다.

boundary 2

boundary 2는 모체의 boundary 1이 변형되어 hole 2를 형성하면서 함몰된 경계선으로부터 외부성을 가지나 결과적으로는 모체의 보호를 받는 경계이다. 이 경계는 hole 2로부터 형성된 공간 영역에서 모체를 보호하는 경계이기도 하다. 또한 제3영역이 모체로부터 독립적인 상태를 부여받는 경계이기도 하다. boundary 2는 양쪽 모두를 보호하는 경계선이다. 즉, 특이성을 갖는 중립지역이다.

이것은 일정 기간 사람들이 지역에 소속되지 못할 때 그들의 잠정적인 기거지역의 확인과 보호가 가능한 중립지역 모델이다. 이 모델은 난민센터가 어느 나라의 소속이 아닌 중립적인 상태의 자체적인 지번을 가질 수 있는 확장성을 갖는다. 또한 지역이 있다는 것으로 〈난센여권〉의 발급은 더욱 확실한 영향력을 가질 수 있다. 이 모델은 각 나라들이 자신의 나라의 일부 영역을 난민센터로 할애하고, 그 영역의 과부하를 해소할 수 있는 모델이기도 하다.

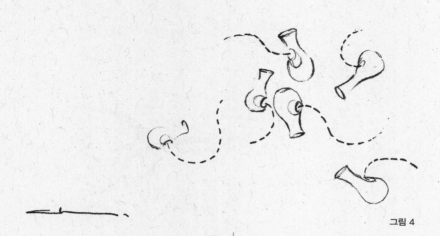

그림 4

난민센터, 그 현실적인 문제

난민들은 언젠가는 모국으로 돌아갈 수 있기를 희망하며 잠시 타국에 머무른다. 난민을 선언했지만 다른 나라, 한국에서 그들의 거처를 해결하는 것은 그리 쉽지 않다. 전쟁과 종교, 이데올로기의 시국에서 최소한의 생존을 위해 타국에 온 이들을 위해 어떤 것도 보증된 것이 없다. 난민들이 난민 지위를 인정받는 데에만 오랜 시간이 소요되고, 난민 인정을 받기 전에는 타국에서 어떤 것도 하기 어렵다. 그들에게 적합한 난민센터는 어떤 모습을 갖추어야 할까?

수용소 같은 지금과 같은 난민센터는 아니라고 생각한다. 난민으로 한국을 포함해 여러 나라로 가는 이들은 우리가 생각하는 것보다 훨씬 다양한 국가로부터 오고 있으며, 개인에서 가족까지 그 범위가 섬세하고 다양하기

때문이다. 그들의 고유한 문화를 지켜주고, 난민 2세들이 교육받을 수 있는 조건이 마련되어 새로운 커뮤니티를 형성할 수 있도록 공간 등의 지원이 있어야 한다.

지역적 방어체계, 섬

섬과 같은 완충지대 Buffer zone를 가진 지역적 방어체계 형태의 난민센터를 상상해본다. 자연생태를 경계 삼아 지역적 분리성을 갖는, 관념적인 섬의 형태.

〈그림 4〉를 통해 설명하고자 하는 섬은 국가가 난민센터 영역으로 할애하기로 약속된 생존의 장소이다. 따라서 건물이 아닌 지역에 개인 또는 세대가 국가별, 문화별로 자체적으로 형성할 수 있는 건축 모델을 반영할 수 있는 기본적인 기간 시설, 즉 건축적 장치만을 구축

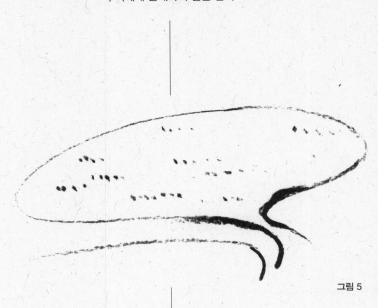

그림 5

한다. 나머지는 자생적으로 형성할 수 있는 모델이어야 할 것이다.

예를 들어 박스라는 하나의 단위 체계는 개인을 담을 수 있는 거주공간 박스일 수도 있으며 가족단위체계의 주거 모델이 될 수도 있다. 작은 단위의 유닛들이 모일 수 있는 장소와 구조체계를 마련해 어떤 지역에 설치하여, 자체적으로 그 영역을 형성하게 해줄 수도 있을 것이다. 거주공간 박스는 컨테이너, 나무상자를 사용하여 실제로 운영해볼 수 있다. 또는 천막으로도 실험을 이어갈 수도 있을 것이다. 재료는 중요한 문제가 아니다. 왜냐하면 난민 공동체가 갖는 모국의 문화적 성격에 맞게 구성될 것이기 때문이다. 훗날 이 나라를 떠날 때 유닛 자체를 배로 운송 가능하게 하는 것도 하나의 방법이 될 것이다. 난민센터를 구성하는 각각의 유닛들이 감옥의 담이 아닌, 서로를 보호하고 존중하는 장치로 기능하게 하는 것이 중요하다. 이러한 자율적 건축 모델은 그 어디에도 소속될 수 없던 이들에게 특별한 생존권의 형태로서 새로운 장소를 형성할 수 있다. 이것은 세계 여러 나라의 모체의 문화와 새로 인입된 문화가 완벽한 교집합이 아닌 모델이기 때문에 관념적 자유인이 될 수 있는 자발적 난민에게도 대입될 수 있을 것이다.

장소가 생기면 주소는 당연히 발생된다

난민은 어떤 국가에도 소속되지 않는 이들이다. 그렇다보니 국가에서 발급해주는 여권이 없다. 난센의 '난센여권'이 지금 여기에서 다시 회자되는 의미 역시 거기에서 발견할 수 있다. 난민센터가 건축물이 아니라 지역으로서 존재한다면 난민들에게 자연스럽게 주소, 소속이 발생하게 된다. 우리에게는 특별할 것 없는

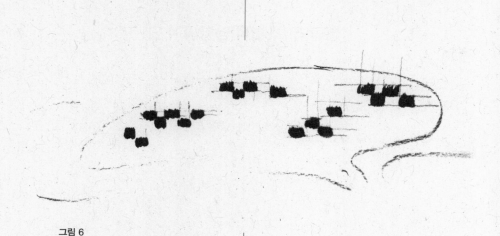

그림 6

일이라고 여겨질 수 있겠지만 소속이 없는 난민들에게는 든든한 보증처가 생기는 것이다.

　물론 대지의 기본권은 여전히 그들을 보호하는 국가에 있다. 더욱이 좁은 땅덩이를 가진 우리나라의 현실에서 어느 일정 장소를 타국의, 그것도 난민에게 할애해야 한다면 합법, 평등, 치안 등 여러 가지 사안들이 언급될 것이다. 그러나 인간이 어떤 순간에 처하더라도 자리잡을 수 있는 기본적인 생존이 존중되는 중립지역으로 지역의 일부가 할애된다면 이해를 구할 수 있지 않을까?

　그곳을 사용할 수 있는 기간과 자격의 문제는 여전히 풀어야 할 숙제이지만, 적어도 그 난민센터의 모델이 건축물이 아닌 장소에서 출발할 때 더 많은 것을 풀어낼 수 있게 될 것이다.

왜 우리는 이들에게 중립지역을 할애해

야만 하는가?

　혹자는 질문할 수 있다. 아주 원초적인 문제 제기를, '왜? 우리가 그들에게 장소를 제공해야 하느냐고'말이다. 누구나 난민이 될 수 있다는 사실에서 출발한다면 그 질문에 대한 답은 간단하다. 난민을 위한 중립지역은 인간의 가장 최소한의 기본권을 존중할 때 비로소 존재할 수 있다.

전쟁, 천재지변, 사상적 원인으로 자신이 태어난 나라를 떠나 유엔난민기구의 보호를 받고 있는 사람만 해도 2천1백만 명에 달하며, 고국을 떠나지는 못했지만 자기가 태어난 나라에서 유엔난민기구에 보호를 요청한 사람들도 많다. 전 세계 인구의 약 1퍼센트인 7천7백만 명이 난민 상태에 놓여 있다.

－ 전국지리교사연합회,
『살아 있는 지리 교과서』, 휴머니스트, 2011.

항공기, 초월적 망명의 수단

이영준 / 기계비평가

메르샴은 난처했을 것이다. 난처해서 난민인가보다. 이라크에 살던 쿠르드인으로서 지구 반대편에서 새 삶을 찾겠다고 왔는데 기껏 인터뷰라고 어떤 교통편을 써서 왔느냐는 것이니 말이다. 자기 땅을 떠나서 낯선 땅에서 삶을 찾겠다고 온 난민들에게 (사실 난민이라는 말은 좀 어감이 좋지 않다. 難처해진 사람, 困難한 사람, 難리가 난 사람 등 좋지 않은 뜻을 가진 말들이 같이 떠오르기 때문이다. 한국에서 완곡어법 Euphemism을 써서 장애자를 장애우라고 하듯이 난민을 '난우'라고 해보면 어떨까 생각해봤으나 낯간지러운 노릇이다. 차라리 망명자 혹은 망명우라는 말이 나온 것 같다. 언어 인플레의 천국 대한민국인데 어떤 호칭을 붙인들 어떠랴) 교통편은 수단일 뿐인데 평론가가 난민의 억울하고 속 터지는 심정은 묻지 않고 교통편만 물으니 답답했을 것이다. 하지만 어쩌랴. 기계비평가라는 사람은 인간에게는 관심이 없고 오로지 사물과 기계에만 관심 있는 것을. 그는 난민이 글로벌한 물질 운송의 체계에서 어떤 위치를 차지하고 있는지에만 관심 있지 그들의 감정, 인간적 특성에 대해서는 관심이 없다. 그렇다 보니 법무부 심사관 같은 태도로 질문했는데, 사람을 대하는 법을 모르는 기계비평가로서는 그게 최선이었다. 그런데 메르샴은 그게 적잖이 당황스러웠나보다. 대개 한국에 입국해서 난민 신청을 하면 공항 안의 어떤 시설에 수용되어 밖에 나가지 못하고 며칠이고 머물면서 심사를 받게 되는데 아마 그는 한국의 법무부 관리에게서 몰이해, 비인간성, 냉대 등 온갖 수모를 다 겪었을 것이다. 물론 자신의 땅 이라크에서 겪은 차별과 학대도 짐작할 수 없는 수준이었으리라. 그런데 기계비평가는 그런 사람한테 대고 어떤 비행기를 타고 왔소, 중간 기착지는 어디요, 좌석은 어땠소 등을 물었으니 아마도 과거의 난민 트라우

마가 되살아났을지도 모른다. 그의 당황해하는 태도에 난민이 된 건 기계비평가였다.

애초에 그의 의도는 아프리카, 아시아, 남미 등 여러 대륙에서 한국으로 온 망명인들이 어떤 교통수단을 통해서 왔는지, 그 과정에서 어떤 변위Diaplacement를 겪었는지, 결국 망명인들의 테크놀로지는 무엇인지 알아내는 것이었다. 그런데 그런 문제는 난민에게는 극히 지엽적인 문제다. 자기 땅을 떠날 수만 있으면 그들에게는 그게 소달구지건 쪽배건 문제가 되지 않는다. 그러나 기계비평가에게는 교통수단이 문제가 된다. 왜냐면 버스건 지하철이건 비행기건 타고 있는 동안 우리는 누구나 정처 없이 교통수단의 처분에 몸을 맡기고 있는 수동적인 신세가 되기 때문이다. 비행기 1등석에 타서 미국으로 가는 재벌총수도 그 비행기가 하이재킹 당하거나 연료가 떨어져서 추락 혹은 불시착이라도 하게 되면 자신이 의도하지 않은 경로로 여행을 해야 하는 난민 신세가 되고 만다. 기계비평가는 어떤 것도 전제하지 않고 겸허하게 난민의 교통수단에 대해 물었건만 메르샴은 쿠르드인의 처지에 대해 공감해주지 않는 기계 같은 비평가에 대해 불만이 많았나보다. 그래도 기계비평가는 쿠르드족이라는 말을 아는 몇 안 되는 한국 사람 중의 하나지만 그 정도로는 한참 모자랐다. 기계비평가의 질문은 모두 초점을 빗나간 것이었다.

터키와 쿠르드가 싸우면 그게 내전인가 그냥 전쟁인가 하는 질문을 던지자 메르샴은 일단 어이없다는 표정을 지은 후 감정을 추스르고 대답을 해줬다. 터키 안에 쿠르드족이 1천 5백만 명이나 살고 있다. 이것은 내전의 문제가 아니라 터키 영내에서 쿠르드족이 탄압 받으며 살아온 고난의 역사다. 기계비평가가 그런 사연을 알 리 없었다. 이라크의 쿠르드족으로 얘기가 넘어가자 이제는 기계비평가가 파악할 수 있는 수준을 넘어버렸다. 이라크에서는 시아파와 수니파가 원수처럼 대립하고 있는데 사담 후세인은 수니파이며…… 하는 얘기들이 쿠르드족 얘기와 수직으로 교차하자 기계비평가의 역사 지도는 엉망으로 헝클어지고 만다. 쿠르드에 대해 너무 몰라서 속이 터진 기계비평가가 위키백과에게 물으니 일목요연하게 대답해준다. 결코 일목요연해질 수 없는 쿠르드인의 역사와 처지에 대해 일목요연하게 본다는 것이 미안해질 지경이다.

"쿠르드인은 중동의 쿠르디스탄에 사는 산악 민족이다. 인구는 2천5백만 명에서 3천만 명으로 독자적인 국가를 가지고 있지 않은 민족으로서는 세계에서 가장 많다. 중동에서는 아랍인, 터키인, 페르시아인(이란인) 다음으로 많다. 종교는 이슬람교 수니파에 속한다. 언어는 인도유럽어족이란 어파에 속하는 쿠르드어, 키루다시어를 독자 언어로 사용한다. 주된 생업은 목축

으로 중동 외의 다른 민족과 같이 유목민으로서 생활해 왔다. 아이유브 왕조의 시조인 살라흐 앗 딘(살라딘)은 쿠르드인이다.

쿠르드인의 거주지는 중세부터 근대에 걸쳐 광대한 영토를 유지한 오스만 제국에 있었지만 제1차 세계대전에서 오스만 제국이 지고 영국과 프랑스에 의해서 만들어진 자의적인 국경선에 의해 터키, 이라크, 이란, 시리아, 아르메니아 등 약 8만 제곱킬로미터에 걸친 지역에서 국가가 없는 세계 최대의 민족으로 분단되었지만, 오랜 기간 통일한 민족주의적인 세력이 흥하지 않았으며, 소수민족으로서 생활하고 있다. 그러나 20세기 후반이 되면서 문화적인 압력으로 정치 세력이 탄생해 큰 인구를 거느리는 터키와 이라크에서는 분리 독립을 요구하게 되었기 때문에 자주 박해를 받게 되었다. 중동의 집시라고 불린다. 쿠르드인의 인구가 가장 많은 곳은 터키로, 1천2백만 명에서 1천5백만 명 정도의 쿠르드인이 터키 남동부 및 동부 지역에 주로 거주한다. 산악 지역에서 반유목 생활을 했던

과거와 달리, 현재에는 대부분이 가축의 사육과 농업을 생업으로 삼고 있다. [하략]" [1]

　　메르샴에게 어떤 교통수단을 통해 한국에 왔느냐고 물으니 여객기를 타고 왔다고 했다. 그냥 누구나 탈 수 있는 그 여객기 말이다. 극적인 교통수단을 예상했었기 때문에 좀 실망했지만 메르샴의 망명 과정은 결코 순탄치 않았다. 여객기 여행이 기차나 버스 여행과 달리 몇 가지 검열 절차를 필요로 한다는 점에서 그렇다. 메르샴뿐 아니라 한국에 오는 대부분의 난민들이 사용하는 교통수단은 비행기이다. 자기 돈으로 경비행기를 사거나 빌려서 직접 타고 국경을 넘지 않는 한, 여객기는 대단히 공식화되고 합법화된 이동수단이다. 즉 공식적인 채널 혹은 필터를 통과할 능력이 없다면 여객기에 한 발짝도 오를 수 없다는 것이다. 그런 점에서 아무런 신분 증명도 요구하지 않는 버스나 기차와는 완전히 다른 종류의 여행수단이다. 여객기에 타려면 여권의 영문철자와 항공권의 영문철자가 일치해야 하는 등 까다로운 조건들이 있다. 미국으로 가는 경우는 내가 갈 집이나 숙소의 주소도 미리 제시해야 한다. 그리고 이 모든 것을 갖추고 미국에 도착해서도 한 시간 이상을 줄을 서서 기다려서 흡사 범죄인 취급을 받으며 심문을 받아야 간신히 입국을 할 수 있다. 가끔은 입국이 거부되는 경우도 있다. 그럴 경우 창살이 있는 수용시설에 하루 정도 수용됐다가 가장 빠른 비행기편으로 본국으로 되돌아오게 된다. 비행기를 통한 망명은 가장 합법적인 교통수단이지만 가장 신원을 따지는 수단이기도 해서 의외로 까다로운 것이다.

　　메르샴은 이라크에서 비행기를 타고 말레이시아의 쿠알라룸푸르를 거쳐 한국에 왔다. 그는 친구와 여정을 함께했는데 쿠알라룸푸르의 환승구역에서 여권 검사하는 이가 그는 비

1) 위키백과, http://ko.wikipedia.org/wiki/%EC%BF%A0%EB%A5%B4%EB%93%9C%EC%9D%B8

"그래도 기계비평가는 쿠르드족이라는 말을 아는
몇 안 되는 한국 사람 중의 하나지만 그 정도로는 한참 모자랐다.
기계비평가의 질문은 모두 초점을 빗나간 것이었다."

행기를 탈 수 없다고 했다. 그때 그는 하늘이 노랬을 것이다. 그런데 이유를 알 수 없는 기적이 일어나서 비행기를 탈 수 있었다. 그는 지금도 왜 그렇게 된 것인지 모른다고 했다. 인천공항에 도착했을 때도 그는 극도로 긴장했다. 무슨 이유로 입국이 거절될 수 있기 때문이다. 여기서 또 기적 같은 일이 벌어져 그는 여권 검사를 무사히 통과했다고 한다. 그러나 같이 온 친구는 끝내 공항 밖에서 만나지 못했다. 한국 사람들에게는 별 것 아닌 입국 심사이지만 메르샴 같은 난민에게는 그것도 난해한 문제인 것이다.

여객기를 타면 이코노미클래스에서 퍼스트클래스까지 등급이 있듯이, 항공기를 이용한 망명에도 등급이 있다. 단체로 여행하는 여객기로 망명하면 큰 뉴스가 되지 않지만 자신의 비행기로 단독 망명하면 큰 뉴스가 된다. 육지의 어떤 시설이나 지형지물도 무시하고 모든 경계를 뛰어넘어 곧장 날 수 있는 비행기의 특성상, 비행기를 이용해서 경계를 넘는 것은 큰 물의를 일으키기도 한다. 망명은 아니지만 자신의 경비행기 (사실은 임대한 것) 세스나Cessna로 국경을 넘어 사건이 된 경우도 있다. 1987년 당시 19살이었던 독일 청년 마티아스 루스트 Mathias Rust가 세스나를 몰고 헬싱키를 출발했을 때 그는 전 세계적인 물의를 일으키기로 작정을 했던 것 같다. 그의 목적지는 놀랍게도 구소련의 수도인 모스크바, 그중에서도 붉은 광장이었다. 그는 비행금지구역인 붉은 광장 상공을 세 바퀴나 선회한 후 착륙했고, 몰려온 인파에 휩싸여 평화 전단을 뿌리고 사인을 해주다가 KGB에 전격 연행됐다. 이 일로 소련 당국은 발칵 뒤집혔다. 레이더 1만 개에 요격전투기 4천여 대, 지대공 미사일 1만 4천여 발, 셀 수도 없이 많은 대공포를 갖춘 구소련의 방공망이 작은 세스나 한 대에 뚫리고 만 것이다. 고향 함부르크의 비행클럽에서 조종을 배운 루스트는 핀란드 헬싱키에서 모험을 시작했다. 당초의 계획은 임대한 세스나기로 스웨덴의 스톡홀름까지 비행하겠다는 것이었지만 이륙 20분이 지나자 그는 통신장비의 전원을 끄고 기수를 동쪽으로 향했다. 핀란드 관제탑은 그가 추락한 것으로 추정했다. 저공비행을 하던 세스나기가 소련 영공으로 들어서자 미그23 전투기가 바짝 다가왔다. 루스트는 긴장했지만 걱정하지는 않았다. 1983년 대한항공 007편 보잉747기를 격추해 국제사회에서 커다란 비난을 받았던 소련이 민간기를 공격하지는 않을 것이라 생각했기 때문이다. 예상대로 미그기 조종사들은 지상관제소에 스포츠용 항공기라고 보고했고 지상에서 진짜 비행기인지 커다란 새인지 헷갈리는 사이 루스트의 세스나기는 모스크바까지 날아갔다. 이 사건은 엄청난 파장을 불러왔다. 사건 이틀 만에 세르게이

소콜로프 국방장관과 알렉산더 콜두노프 방공군총사령관이 해임됐다. 미하일 고르바초프 대통령은 투자를 늘려 방공망을 강화하자는 군부의 의견을 묵살하고 안보 책임을 물어 보수적인 군 간부들을 통째로 물갈이했다. 이는 결국 독일 통일 및 소련의 붕괴와 함께 냉전시대의 종말로 이어졌다.

　　루스트가 구소련에 몰고 온 엄청난 파장에도 불구하고 그의 비행 자체는 일탈행위 이상의 의미는 없어 보인다. 그는 소련의 감옥에서 14개월을 복역하고 독일로 돌아가서 영웅이 된다. 그러나 1991년 군복무를 대체하여 근무하던 병원에서 한 간호사에게 키스하려다 거부당하자 칼로 마구 찔러 중태에 빠트리고 감옥에 갔다. 간호사에게 루스트는 좀 이상한 청년이었을 뿐이다. 그런 그가 국경을 넘고 냉전시대의 질서에 대혼란을 일으킬 수 있었던 것은 작은 경비행기 덕분이었다. 어쩌면 그게 비

행기의 힘인지도 모른다. 그런데 루스트의 세스나는 힘이 약하고 느린 것이었다. 디즈니 만화에는 구피가 위험한 빌딩 공사장에서 몽유병에 걸려 걷지만 그가 철근 끝에서 떨어질 위험에 처할 때마다 기적적으로 다른 철근이 크레인으로 운반되어 그의 발밑을 아슬아슬하게 받쳐주는 장면이 나온다. 루스트의 비행이 이런 식이었다. 기록을 보면 그는 모든 통신장비를 꺼버렸기 때문에 소련의 관제탑은 어떤 방법으로도 그와 교신할 수 없었다. 미숙한 조종사들이 가끔 피아식별장치에 제대로 반응하지 못하는 것을 감안하여 토르조크의 관제시설은 루스트가 날고 있던 인근의 모든 항공기를 아군이라고 판단하게 된다. 따라서 루스트의 세스나도 아군으로 판단됐다. 게다가 전날 일어난 항공사고를 수습하기 위해 하늘에는 많은 항공기들이 떠 있었는데, 그 와중에 루스트의 느린 세스나는 사고를 수습하기 위해 출동한 헬리콥터

로 오인됐다. 그는 이후로도 소련의 방공 레이더에 여러 번 탐지됐으나 두 번 더 아군으로 식별된 것으로 알려져 있다. 그는 규정을 어기고 멋대로 비행하던 소련 국내 훈련기로 판단되어, 관제 우선순위에서 밀려나 있었던 것이다.

루스트의 행위는 오인(세스나를 아군으로 판단한 것)과 실수의 사슬로 연결된 성공이었다. 19세의 청년이 모는 세스나, 라는 대단히 어설픈 설정이었기 때문에 성공한 것이었다. 만일 어떤 나라의 공군이 대량의 크고 빠른 항공기들을 동원하여 모스크바를 공습하려 한다면 사전에 차단됐을 것이다. 우선 그런 계획은 크고 복잡하기 때문에 사전에 탐지될 확률이 높다. 그리고 거대한 레이더 탐지 면적을 가진 편대가 구소련의 방공망에 접근하는 순간 탐지되어 수많은 대공 미사일과 대공포의 세례를 받았을 것이다. 베트남전에서 B52 폭격기를 격추하고 소련 상공을 날던 스파이 정찰기 U2를

격추한 그 대공방어체계에 의해서 말이다.

　항공기 한 대가 한국을 통째로 뒤흔든 사건은 1983년에 벌어졌다. 1983년 2월 25일, 서울 시민들은 다급한 안내방송에 숨이 넘어갈 듯했다. "지금 북한공군의 전투기가 서울을 향해 비행하고 있습니다. 이것은 실제 상황입니다"라는 방송이 서울 시내 전체에 울려 퍼졌다. 미도파 앞에도, 교보빌딩 앞에도, 청량리에도 방송은 울려 퍼졌다. 그 방송의 목소리가 하도 다급하고, 무엇보다도 "이것은 실제상황입니다"라는 멘트가 반복됐기 때문에 서울시민들은 큰 혼란에 빠졌다. 그 안내방송을 한 민방위 본부의 담당자는 목소리가 너무 다급하여 사람들을 더 혼란에 빠지게 했다고 많은 비난을 받게 됐는데, 그는 비상시에 침착하게 안내방송을 하기 위해 평소에 많은 연습을 했었다고 밝혔다. 그러나 지금도 생생하게 기억나는 그 목소리는 침착한 것과는 거리가 멀었고, 사람들

을 초조하게 만드는 것이었다.

　당시 대학교 3학년이던 필자는 그후로 북한의 전폭기들이 새카맣게 서울 하늘을 뒤덮는 악몽을 자주 꾸게 된다. 소련, 중국, 북한 등 공산권의 전투기들은 기체에 도색을 하지 않고 생경한 금속 표면을 노출시키는데, 그 광택이 연상돼서 더 무서웠다. 꿈속에서 나를 공포에 빠트린 것은 도장이 되지 않은 금속 표면이었다. 그런데 그런 패닉은 미리 준비된 것이었다. 즉 레퍼런스가 있는 것이었다. 1970년도부터 민방공훈련(나중에 민방위훈련으로 개칭)이란 것을 했는데, 초등학교 4학년 때 배운 것은 핵폭발이 있을 것에 대비해 사이렌이 울리면 책상 아래로 대피해서 핵폭풍의 충격파로 눈알이 튀어나오는 것을 막기 위해 눈과 귀는 손으로 막고 내장이 파열되는 것을 막기 위해 입은 벌리고 있으라는 것이었다. 어린 우리들은 혼란한 상황에 대비하는 연습을 했다. 그 혼란이 실

현된 1983년, 서울시민들은 책상 아래로 대피해서 눈과 귀를 막을 겨를이 없었다. 핸드폰이 없던 시절, 모든 사람은 식구들의 안부를 묻기 위해 집으로 전화를 했고 시내의 통신망은 마비됐다. 그 혼란상황은 9.11 테러를 방불케 하는 것이었다. 카를 마르크스의 『자본』이나 '공산당 선언'을 읽어보기도 전, 공산주의는 그런 무서운 이미지로 우리들에게 다가왔다. 그런데 그날의 혼란은 어이없는 것이었다. 그것은 그보다 20여 년 전의 민방위훈련으로 미리 준비된 어떤 것도 아니고, 다만 한 북한군 대위가 '자유대한'으로 망명하기 위해 미그19 전투기를 몰고 온 사건이었을 뿐이다. 그 사건이 '북괴의 남침'이 아니라 한 조종사의 망명이라는 것이 알려졌을 때 남한 사람들은 허탈해했지만 그 공포감은 오래 갔다.

로켓 사격훈련을 위해 10시 30분 평안남도 개천비행장을 이륙한 이웅평 대위의 미그19기는 갑자기 편대를 이탈하여 남쪽 방향으로 기수를 돌렸다. 항로를 이탈한 그의 미그19기는 레이더망을 피하기 위해 고도 50~100미터를 유지하면서 시속 920킬로미터의 전속력으로 남하, 10시 45분 황해남도 해주시 상공을 지나 서해 연평도 상공의 북방한계선을 넘었다. 남한의 방공망에 이웅평 대위의 미그기가 포착되자 공군의 F-5 전투기들이 요격에 나섰다. 그러나 이웅평 대위는 미그기의 날개를 흔들어 귀순 의사를 밝혔고, F-5는 미그기를 유도해 11시 4분 수원비행장에 착륙시켰다. 이웅평 대위는 순식간에 스타가 됐다. 그전까지 북한에서 귀순한 사람들은 전부 걷거나 헤엄쳐서 휴전선을 넘었다. 당시로서는 북한의 최첨단 전투기인 미그19기를 몰고 귀순한 사람은 이웅평이 처음이었다. 게다가 그의 외모는 키도 크고 훤칠하게 잘 생겨서, 남루하고 초췌했던 이전의 귀순용사들과는 클래스가 달랐다. 그의 환영대회에 인파가 130만이나 몰렸고, 요즘으로 치면 KBS의 〈아침마당〉 같은 프로에서 이웅평을 볼 수 있었다.

이웅평 대위는 높은 군사 전략적 가치를 인정받아 남한 공군에서 1계급 특진되어 소령으로 일하게 된다. 그리고 1984년 11월 공군사관학교 교수의 딸과 결혼, 1남 1녀를 두게 된다. 이후 그는 1995년 대령으로 진급했고 공군대학 정책연구위원 및 교관으로 활동했다. 그러나 극적으로 북한을 탈출한 그에게 영원한 행복이 보장되지는 않았다. 그는 북한과 다른 남한에 적응하는 어려움, 북한의 첩자로부터 암살당할 것에 대한 두려움 등으로 술을 많이 마셨고, 1997년 간경화로 쓰러져 간이식 수술을 받았으나 2002년 5월 간기능부전증으로 사망하였다. 이웅평 대위의 망명은, 그렇게까지 되려고 남한 시민들을 공포에 몰아넣었는가 생각하면 허망하기까지 하다.

사실 미그19기는 망명용으로 쓰기에는 대단히 특수한 기체이다. 1955년에 실전 배치되니 기체는 소련의 전투기로는 최초로 수평비행에서 음속을 돌파했으며 이전 모델인 미그17기보다 날개의 후퇴각이 훨씬 크다. 단거리 선회능력이 좋아 베트남전과 중동전에서 이 기체를 상대한 자본주의 국가의 조종사들은 미그19기에 꼬리를 물리는 일이 많았다고 한다. 미그19기의 단점은 레이더가 없다는 것이다. 그래서 이 비행기는 지상관제를 받아 작전을 수행해야 했으며, 첨단적인 전자장비는 탑재하지 않고 있다. 1983년 당시 우리나라에서는 이 비행기에 대해 잘 알려져 있지 않았으므로 이웅평 대위가 망명했을 때 우리나라는 큰 횡재를 한 기분이었다. 모든 역사적 사건에는 레퍼런스가 있다. 즉 선례가 있는 것이다. 이웅평 대위의 망명은 무엇을 선례로 하고 있을까? 그에게는 선배가 있었다(그렇다고 이웅평이 그 선배를 직접 참고했는지는 확실치 않다). 그것은 1976년 9월 소련 방공군 소속의 미그25기를 몰고 일본으로 망명한 빅토르 벨렌코 중위다. 이웅평의 망명 방식이 벨렌코 중위와 닮았다는 것은 분명하다. 두 사람 다 자기 나라의 당시 최신예기를 사용했다는 점, 망명하여 다른 세계로 갔다는 점에서 그렇다. 벨렌코 중위의 망명 이유로는 열악한 근무환경과 대우 그리고 소련 고위직의 딸이었던 아내와의 불화설이 유력하다. 흥미로운 점은 벨렌코 중위의 망명으로 소련 공군에는 많은 것이 바뀌었다는 것이다. 소련군은 아군기를 식별할 때 쓰는 암호를 변경해야 했다. 벨렌코 중위가 소속되어 있던 공군 기지를 조사한 위원회는 조종사들의 열악한 근무환경에 경악하여 조종사들의 숙소와, 그들의 자녀를 위한 학교를 새로 세우기로 하는 등 조종사들의 처우가 대폭 개선되었다. 또한 이 사건으로 드러난 미그25기의 단점을 보

완하기 위해 미그31기의 개발을 서두르게 된다. 물론 벨렌코 중위의 망명을 제때 탐지하지 못한 일본의 방공망에도 많은 변화가 온다. 일본의 방공망이 매우 취약하다는 점이 지적되어 항공자위대는 비약적인 발전을 하게 된다. 지상 레이더 기지는 대대적으로 보수되고 조기경보기인 E-767을 구매하게 된다.

이 모든 변화가 벨렌코 한 사람의 비행 때문에 일어난 것이었다. 블라디보스토크 근처의 공군 기지에서 이륙한 미그25기는 훈련공역으로 향하던 중 갑자기 예상 경로를 이탈해 일본 쪽으로 빠르게 진입했다. 이것을 일본의 항공자위대 레이더가 포착하고 F-4EJ 전투기가 요격을 위해 긴급 발진했다. 벨렌코 중위의 미그25기가 저공비행을 하자 지상의 레이더에서 사라졌고 룩다운Look Down으로 불리는 하방감시능력, 즉 아래쪽을 감시하는 능력이 떨어진 F-4EJ기의 레이더에도 잡히지 않았다. 이

에 항공자위대는 대혼란에 빠지게 되고 벨렌코 중위의 미그25기는 홋카이도 상공을 세 번 선회하고는 하코다테시 공항에 착륙했다. 소련은 기체를 즉각 반환할 것을 요구했으나 당시 자본주의 진영에 미스터리로 남아 있던 이 기체를 그냥 돌려줄 리 없었다. 미국과 일본은 벨렌코 중위의 도움으로 기체를 면밀히 검사한 다음 11월 15일 반환했다. 그런데 기체가 알려진 바와 같은 티타늄 합금이 아닌 스테인레스 철판을 사용했으며 진공관을 많이 사용한 전자기기가 시대에 뒤떨어지는 수준이란 사실에 미국은 경악했다. 그후 벨렌코 중위는 희망에 따라 미국으로 망명했다. 그와 이웅평의 차이라면, 벨렌코는 어떤 일본 민간인도 혼란에 빠트리지 않았다는 점이다.

　　이웅평과 벨렌코의 망명이 시사하는 것은 무엇일까? 이 경우 항공기는 단순한 이동수단이 아니다. 그것은 냉전시대의 삼엄한 국경을 넘을 수 있게 해주는 초월의 기계 역할을 한다. 지상에 있는 어떤 것도 뛰어넘어 축지술을 하듯 어디든지 갈 수 있다는 특성 때문에 항공기는 최고의 망명 수단이다. 어쩌면 전투기라는 매우 특수한 항공기에 탄 순간 어떤 국경도 가볍게 넘을 수 있는 가능성이 함께 주어지는 것이기 때문에 그것은 본질적으로 망명의 기계인지도 모른다. 그렇다고 전투기가 망명을 위해 설계되고 제작되지는 않는다. 빠르게 적진에 침투하여 공격한다는 특성이 망명에 유리한 조건도 만들어준 것이다. 그렇다고 전투기를 타고 망명하는 것이 여객기를 타고 망명하는 것보다 자유로운 일이라고 볼 수는 없다. 우선 무엇보다도 난민의 지위에 처하여 망명을 하는 것은 선택의 문제가 아니다. 한국에 오는 난민들은 자기 땅에서 살 수 없기 때문에 오는 것이므로 우리가 다른 나라로 이민 가는 것과는 차원이 다른 일이다. 이웅평과 벨렌코의 경우는

겉으로 알려진 것과는 다른 이유가 있을 것이
다. 그런 이들의 망명 과정에 대해서는 조사를
담당하는 정보기관이 모든 것을 알려주지 않고
중간에 많은 설들이 있기 때문이다. 난민의 지
위에 처하여 망명하게 되는 것은 초월이라기보
다는 벽 앞에 가로막혀 도망갈 구멍이 없는 상
태에서 택하는 최후의 출구일 것이다.

"항공기는 단순한 이동수단이 아니다.

그것은 냉전시대의 삼엄한 국경을 넘을 수 있게 해주는 초월의 기계 역할을 한다.

지상에 있는 어떤 것도 뛰어넘어 축지술을 하듯

어디든지 갈 수 있다는 특성 때문에 항공기는 최고의 망명수단이다."

버마 난민들의 새로운 실험, 공동체의 복원

전상천 / 경인일보 기자

"무너진 미얀마 공동체의 복원은 아래로부터,

작은 것부터 조금씩 바꿔 나가는 게 중요합니다."

– 나인 옹, 버마 민주화 포럼에서

기로에 선 난민들: 귀환, 이방인으로 남나?

미얀마(버마) 난민들이 새로운 실험에 나섰다. 군사 독재 50년 만에 시작된 황폐화된 버마 공동체 '복원'이라는 민족 회생 프로젝트가 그것이다. 버마 난민들의 귀환으로 촉발된 이 원대한 계획은 버마를 민주화하겠다는 국가 재건 계획과 맞물려 있다. 민주화 시위나 반정부 활동을 벌이던 태국 접경지역 활동가 등 해외 정치 망명객들의 귀환 행렬도 줄을 잇고 있다. 버마 민주화를 위해 또다시 사지死地로 불나방처럼 뛰어들고 있는 것. 미얀마 정부가 정치범을 풀어주고, 해외 정치 망명객들의 입국 금지를 전격 해제한 탓이다. 지난 2008년 한국서 난민 인정을 받은 마웅저(따비에 출판사 대표)도 20여 년 만에 고향인 버마로 돌아갈 것이라고 전격 선언해 국내 언론의 주목을 받고 있다. 버마 공동체 복원을 위한 기본 토양이 될 청소

년 교육시스템 구축에 온 힘을 다하겠다는 것이 그의 복안이다.

동시에 고향 하늘을 향한 그리움에 하염없이 눈물을 흘렸던 난민들도 드디어 가족과 친구가 있는, 어린 시절 뛰어놀던 동네로 돌아가고 있다. 태국 접경지대인 메솟Mae Sot이나 국경을 따라 길게 늘어선 메라 캠프Mae La Refugee Camp 등 난민촌에 살던 버마 난민들은 벌써 짐을 싸고 고향으로 돌아가고 있다. 학교를 찾아 국경을 건넜던 난민 아이들도 다시 버마로 회향해 난민학교 학생들이 줄어들 정도다. 심지어 태국 국경 지대의 국제구호단체들도 미얀마 양곤Yangon지역으로 주된 활동무대를 옮기고 있다. 이들은 모두 버마 공동체 복원의 자양분이 될 것이다.

반면 일부 난민들은 아직도 미얀마로 돌아가지 못하고 있다. 새로운 이민의 역사를 쓰기 위해 이방인의 '운명'을 선택한 이들이다.

태국 접경지에서 학교와 병원 등을 세우며 공동체를 일궈온 버마 난민들은 타국 땅에서 새로운 미래를 꿈꾸고 있다. 미얀마로 돌아가는 것을 망설이는 이들도 많다. 해외 정치 망명객 중 무턱대고 양곤으로 돌아갔다가 억류될 가능성도 배제할 수 없기 때문이다. 들어올 때는 마음대로 할 수 있지만 재차 비행기로 외국으로 빠져나가는 건 미얀마의 군사 정부의 승인이 없으면 불가능하기 때문이다.

그럼에도 불구하고, '8888 민주화 운동' 이후로 25여 년간 세계를 떠돌던 정치 망명객 등 난민들은 왜 자신들의 생명을 앗아가려 했던 미얀마로 돌아가려는 것일까? 현 군사 정부에 비해 자신들의 운명을 스스로 개척해 나갈 수 있는 능력이나 자원이 턱없이 부족한 이들이 죽음을 무릅쓰고 미얀마에서 이뤄내려는 것은 무엇일까? 버마 공동체 복원에 나선 리더들은 시민사회 역할 공간 확대, 즉 자율적 시민과 시민단체의 역량 강화를 주창한다. 군사 독재로 붕괴된 시민사회가 다시 재건될 때 버마 민주화가 실현될 것이라고 믿기 때문이다. 안토니오 그람시Antonio Gramsci의 혁명전략인 '진지전 War of Position'을 통한 아래로부터의 혁명 그리고 시민사회의 건강성 회복 혹은 공동체 복원만이 첩경이라고 믿는다. 황폐해진 버마 공동체의 복원을 위해 한국 등 국제사회의 역할에 대한 고민 역시 여기서부터 시작된다.

신新난민에 관한 4가지 이미지: 국경, 도시, 정치난민 그리고 무국적자

버마 군사 정부의 빈곤과 질병, 불평등, 부정의不正義 등을 방치한 장기간의 통치는 국내외에 난민들만 양산하고 있다. 버마의 난민들은 국경國境난민, 도시난민, 정치난민 그리고 무국적난민 등으로 크게 나뉘고 있다. 그러나 버마난민들의 위치는 이중적인 위치에 있다. 난민인권국으로부터 보호를 받아왔던 난민들은 무너진 버마 공동체를 복원할 수 있는 유일한 희망이기도 하다. 해외로 망명한 정치인이나 민주활동가로 구성된 난민들이 버마의 민주화를 구현할 수 있는 주체이기 때문에 그 역할과 활동 의미는 매우 크다.

난민들의 제1의 이미지는 미얀마와 태국 접경지역에서 살고 있는 국경난민이다. 이들은 버마 군사정부의 폭정을 피하거나 혹은 그들에 맞서 싸우다 국경지대로 탈출한 난민들이다. 군사정부의 독재 지배 체제에 항거하다 국경지역으로 집단 피난 온 카렌족들이 대표적 예다. 카렌반군들은 미얀마 내부에 캠프를 차린 뒤 정부군과 무장투쟁을 벌이고 있다. 동시에 난민들은 태국 메솟에서 경제활동을 하거나 스스로 세운 메라캠프 등 난민촌에서 2세들을 교육하며 고국에 돌아갈 날만을 준비해왔다.

종교 갈등과 내전內戰, 군대 등에 삶의 터전을 빼앗긴 난민들IDPs, Internal Displaces People's의 규모도 매우 크다. 미얀마 서부 라카인Rakhine주州와 중부 메이크틸라Meiktila주, 샨 Shan주 라시오 지역 등을 포함한 종교 분쟁 지역에서 최근 무더기로 난민이 발생하고 있다. 라카인주에서만 지난 2012년에 소수 이슬람교도인 로힝자Rohingya족과 주류 주민인 불교도가 두 차례에 걸쳐 유혈 충돌해 200여 명이 숨지고, 10~14만 명의 난민이 발생했다. 메이크틸라주에서도 지난 2013년 3월 이슬람교도와 불교도 사이의 유혈 충돌로 40여 명이 숨졌다.

정부군과 반군이 교전을 벌이고 있는 카친Kachin주 등도 분쟁지역으로 주요 난민 발생지다. 미얀마 주요 분쟁지역인 이곳에서 발생한 국내난민만 모두 15만여 명에 달하는 것으로 집계된다. 카친주는 지난 2011년 6월 정부군과 반군인 카친독립군KIA, Kachin Independence Army 사이에 휴전 합의가 깨진 뒤 교전이 현재까지 장기화돼 전쟁난민 추가 발생 가능성은 여전히 높다.

게다가 버마 정부와 카렌 등 소수 민족 간 전쟁 종식 선언 이후 반군 무장해제 등의 평화협정 도출에 실패해 언제, 어느 곳에서 내전이 발발할지 아무도 모른다. 한국의 빨치산처럼 정부군의 토벌작전 위협에 미얀마 산악지대로 도망간 소수민족들은 사실상 '국내난민'으로 전락한 상태다. 민족 간 화해를 전제로 한 소수민족의 기본적인 인권보장과 차별금지 등 제도적인 뒷받침이 조속히 선결되지 않는 한 소수민족 난민 문제 해결은 요원하기만 하다.

난민들의 제2의 이미지는 미얀마의 빈곤 문제를 대변하는 가난의 대명사 도시난민이다. 양곤 대도시 외곽에 도시난민들이 우후죽순으로 난립하고 있다. 군대에게 삶의 거주지를 빼앗기거나 농촌 등지에서 먹고 살 방편이 전혀 없어 일자리를 찾아 도시로 몰려든 사람들이다. 도시난민들은 미얀마를 떠나진 않았지만 주민등록증조차 정부로부터 발급받지 못한 이들이 상당수여서 사실상 난민이다. 또 주거할 집조차 제대로 없어 산업공단내 특정 공장들 주변에 임시방편으로 집을 짓고 살고 있다. 대부분 행정당국으로부터 건축 허가조차 받지 않은 불법가옥인 탓에 국경지대의 난민들의 삶과 크게 다르지 않다.

제3의 이미지는 바로 '정치난민'이다. 미얀마 정부는 군사독재에 항거해 민주화 시위를 벌인 '8888 민주화 운동' 세대를 포함한 정치 양심수를 감옥에서 석방하고 있다. 동시에 생명의 위협을 피해 외국으로 탈출한 해외 정치 망명객들에게 신변 안전을 보장하겠다고 선언하고, 입국 허가를 내주고 있다. 이에 따라 최근 해외 망명객들의 '귀환 러시'가 약 25년 만에 다시 시작된 상태다.

하지만 현 정부는 해외 정치 망명객이나 국경 민주 활동가들에게 입국은 허용했지만 신분증 발급 등은 외면해, 또다시 그들을 정치난민으로 내몰고 있는 상황이다. 미얀마로 귀환한 엘리트 망명객들은 벌써 미얀마 개혁개방을 주도해 민주화를 이루려고 다양한 시도를 하고 있다. 이에 군부 중심의 기득권 세력이 바짝 긴장한 상태다. 자신들의 이익체계 혹은 주도권을 훼손하거나 침해할 것을 크게 우려하고 있기 때문이다. 엘리트 망명객들은 사회개혁 활동 등을 하다 적발되면 즉시 재구금될 가능성이 커 신변의 위협을 받고 있다. 아울러 일부 반체제 민주화 인사들은 외국으로 출국할 경우 미얀마 정부가 입국을 허용치 않을 것을 우려해 스스로 미얀마라는 거대한 감옥에 갇혀 있을 정도로 상황은 위태롭다.

제4의 이미지는 무국적 체류자 형태의 난민이다. 로힝자족 무슬림들은 미얀마 내에 일시적으로 거주하는 무국적 체류자다. 인도에서 건너온 로힝자족은 독립국가 건설을 약속받는 대가로 영국의 미얀마 지배에 협조해왔다. 미얀마인과 네 윈Ne win 군사정부가 로힝자족을 매우 증오하게 된 이유다.

미얀마 군사정부는 1961년 로힝자족이 집중 거주하는 마웅도Maungdaw, 부디다웅Buthedaung, 로디다웅Rathedaung 등지에서 다른 지역으로 이주할 수 없도록 자유를 박탈했다. 1962년 미얀마어와 버마족, 불교 등으로 단일국가를 만드는 과정에서 다른 소수종족을 강압적으로 흡수 통합한 반면, 로힝자족 무슬림을 완전히 배제한 데 이어 「버마시민법」(1982)에 따라 로힝자족을 국내에 무단월경한 무국적자로 규정하기까지 했다. 신군부정권(1988~2011)에선 로힝자족에 대한 대규모 군사공격 등 지속적인 탄압으로 로힝자족은 미얀

"언젠가 돌아갈 버마의 민주화와 경제 발전의 해법을
찾기 위해 고민해 온 이들이 바로 난민들이다."

마 내에서 또하나의 섬으로, 무국적 난민으로 전락한 상태다.

버마 난민들의 새로운 실험, 세계의 이목을 끌다

국제사회는 미얀마의 민주화와 경제 발전이 외세에 의해서 진행될지 자력으로 이뤄질지를 주목하고 있다. 민주국가 건설 과정에서 현 미얀마 정부는 외견상 민주주의를 표방하는 대신 국제사회의 지원에 전적으로 의존하는 방식을 선택하고 있다. 철저히 기득권을 유지하는 측면에서 모든 기회를 활용하면서도 국경 및 정치난민들을 중심으로 한 시민사회 역량을 강화하여 국가 경제발전을 도모해야 한다는 입장을 취하고 있다. 미얀마 시민사회는 스스로 자신들의 역량을 강화해 민주화를 쟁취하

는 것을 목표로 삼고 있다. 헌데 미얀마 내 시민사회가 너무 연약해 시민사회를 자체 역량으로 복원하는 데는 한계가 있다. 50년간의 군부독재는 곧 시민사회의 자율적 역량을 파괴하는 데 초점을 맞춰왔기 때문이다. 그런 이유로 대안으로 전 세계에 흩어진 버마민족, 혹은 국경난민들의 역할에 큰 기대를 걸고 있는 것이다. 미얀마로 귀환한 이들만이 민주화의 원동력인 시민사회를 복원할 수 있는 주체로 오랫동안 준비된 상태다. 그들은 난민촌 학교에서 아니면, 세계의 유수 대학 등지에서 공부하며 자신의 역량을 키우며 국제구호단체 등과 미얀마를 지원해왔다. 언젠가 돌아갈 버마의 민주화와 경제 발전의 해법을 찾기 위해 고민해 온 이들이 바로 난민들이다.

태국 메솟의 카렌족 난민들은 희망찬 내일을 준비하고 있다. 카렌족은 태국에서의 정치 참여 및 활동공간 확대로 온전한 시민권을

누리게 될 것으로 기대하고 있다. 중국에서 이주해왔던 탁신 친나왓Thaksin Shinawatra이 태국 총리에 오르는 등 큰 역할을 감당한 만큼 카렌 난민들도 태국에서 정치적으로 중요한 위치를 확보하고 부를 축적하면 사회 리더 계급을 차지할 것으로 내다봤다. 이를 위해 난민 2세들이 유치원과 초·중등 교육시설, 대학 등에서 카렌의 언어와 문화 등 정체성을 형성할 수 있는 교육을 하고 있다. 동시에 태국 내 유명 의과대학, 법학대학 등에 진학시키기 위해 태국어 교육은 물론 영어 교육까지 병행하고 있다. 또 메라캠프 내에서 카렌족 난민들은 상업주의Merchant, 미션Missions, 군대Military 등 3M을 중심축으로 난민공동체 건설에 주력하고 있다.

최근 태국 기독교 남부노회가 북쪽 치앙마이에서 8백 킬로미터 떨어진 카렌교회를 정식으로 인정한 것도 큰 성과다. 태국 내 비주류이자 소수민족인 난민들도 정치경제적인 측면에서 힘이 생기면 언젠가는 주류가 될 수 있을 것이라는 희망을 주고 있는 듯하다. 메라캠프를 이끌고 있는 사이먼 박사는 "미얀마 정부는 난민촌 캠프를 해체하고 귀환할 것을 종용하지만 현재는 불가능하다"며 "태국 내에서 힘 있는 삶의 공동체를 만들어가는 데 더 주력해 나갈 것"이라고 인터뷰를 통해 밝혔다.

도시난민들, 마을 만들기

미얀마 사회 전역은 삶의 터전을 잃어버린 국내난민IDP's으로도 가득 찼다. 도시 근교 혹은 농촌에서 일자리를 찾아 대도시나 공장 등지로 대거 이주, 일자리를 찾아다니며 떠도는 도시난민들이 부지기수다. 또 군사정부의 전제적인 폭정에 생명의 위협을 느껴 항의조차 못하거나 군부에 줄을 댄 외국기업 자본에게 삶의 터전을 빼앗겼던 이들도 상당수다. 이들은 공장 주변에 판자 등으로 무허가 집을 짓고 도시 곳곳에 난민촌을 형성하며 근근이 살아가고 있다. 무허가 주택을 높은 임차료를 주고 임대해 살고 있는 도시난민들은 그나마도 행정당국이 언제 철거에 나설지 몰라 전전긍긍하고 있다. 도시난민촌은 또 공장 이외의 지역인 탓에 전기 공급이 제대로 되지 않아 가전제품 이용도 쉽지 않은 실정이다.

이에 미얀마 내 시민단체들은 유치원과 학교 등 교육시설, 보건소, 병원 건립 등을 통해 마을 공동체를 복원하기 위해 총력을 기울이고 있다. 한 기독교 공동체는 공장 혹은 산업단지 인근의 마을에 탁아소를 지어주고, 미취학 아동을 위해 유치원을 운영하고 있다. 한 예로 20여 평 규모의 2층 탁아소에서 40여 명의 어린 아이들이 위탁, 보육을 받고 있지만 보육전문 교육을 받은 선생님이 턱없이 부족한 상

황이다. 대부분의 아이들은 공장에 가느라 아이들을 돌볼 여력이 없는 가난한 가정의 아이들이다. 미얀마정부에서 빈민가에는 학교를 제대로 운영하지 않고 있어 도시난민 아이들은 어렸을 때부터 생활비 등을 벌기 위해 시장과 거리로 내보내지고 있다. 한창 공부해야 할 시기에 글을 배우지 못해 자기 이름조차 제대로 쓰지 못하는 경우가 비일비재하다. 조그만 방을 개조한 교실에서 학생들 20~30여 명의 아이들을 모아서 버마(미얀마)어 등을 가르치는 정도다. 기독교단체는 이 공부방에서 나아가 학교를 지을 수 있는 공간을 마련하기 위해 장기 프로젝트를 세우고 있는 중이다. 강당 등을 구비한 학교를 지어 학생 교육 뿐만 아니라 부모들을 계몽하기 위한 다양한 교육 프로그램을 운영할 계획이라고 한다. 하지만 현재까지도 자금 부족으로 땅만 경우 확보해놓은 상태다.

미얀마는 에이즈 등 온갖 질병으로 신음

하고 있다. 여성 인신매매로 인한 인권침해 사례는 비일비재하고, 음성적으로 이뤄지는 성매매 등으로 인한 에이즈 보균자만 공식적으로 20만 명에 달할 정도다. 이에 에이즈나 말라리아 등 보건교육을 하고 약을 무료 배급하고 있지만 턱없이 부족한 실정이다. 지구촌 나눔 운동본부 등 국내 구호단체도 일자리를 구하지 못한 도시난민들이 경제적으로 자립할 수 있도록 다양한 구제사업을 펼치고 있으나 여전히 미비한 상태다.

정치난민들, 공동체 혹은 시민사회 복원

'8888 민주화 운동' 세대를 중심으로 군사정부의 폭정을 피해 태국 접경지대와 해외로 빠져나간 정치 망명객들이 미얀마 내에 새로운 공동체, 혹은 시민사회 건설에 나서고 있다. 정치난민들은 미얀마 민주화를 실현할 역사적 사명을 가진 대리인이다. 이들은 50년간의 군사독재로 무너져 버린 삶의 공동체를 복원시켜야만 미얀마 민주주의가 가능하다고 믿고 있다. 아래로부터의 혁명, 즉 시민들의 의식을 깨우고, 미래의 주역인 아이들을 교육시키고, 서로가 돕고 사는 협력의 공동체로 그 역량 강화가 이뤄지지 않으면 위로부터의 혁명, 선거를 통한 민주정권으로의 교체는 단기간에 불가능하다고 분석한다. 도시난민들은 교육과 일자리 등을 통해 시민의 기본인권이 무엇인지 깨닫고, 그 권리를 향유하고 의무를 다하도록 양육해야 한다는 것이다. 또 국경난민은 새로운 삶의 정착지를 만들고, 난민 2세를 시민사회의 핵심 역량으로 육성해 미얀마를 변화시키는 미래의 리더로 키워야 한다고 주장한다. 특히 오랫동안 고국을 떠났다 되돌아온 정치 망명객과 민주화 운동에 참여했다가 사회로부터 강제

로 격리됐던 정치난민들은 선거를 통해 시민사
회가 군부로부터 권력을 되돌려받을 수 있도록
정치 경제 사회의 리더로 자리매김해야 함을
이야기한다. 시민들의 역량을 강화시키는 한
편 정치 지도자로서의 역할을 수행할 수 있도
록 버마 공동체, 시민사회의 역량 강화를 위해
스스로를 훈련시켜야 한다는 것이 그들의 버마
민주화 전략이다.

미얀마 내 빈곤지역의 학교와 탁아소 등
공동체 활동을 지원하고 있는 허춘중 목사는
"50년간의 군사독재로 붕괴된 버마 공동체 사
회 재건이라는 역사적 사명을 감당할 수 있는
세력이 '8888 민주화 운동'세대를 포함한 소수
에 불과한 상황이어 큰 역할을 해내지 못하고
있다"며 "생명을 담보로 미얀마로 돌아간 각성
한 민주화 인사들을 국제사회가 체계적으로 지
원하지 않으면 미얀마의 민주화는 꿈으로 끝날
것"이라고 강조한다.

반군들, 캠프를 난민의 새 정착지로

카렌족 난민의 수호자인 '반군'들은 최근
군사훈련장인 캠프를 난민들을 위한 새 정착지
로 조성하고 있다. 접경도시 메솟에서 차량으
로 3시간 가량 이동해야 찾아갈 수 있는 미얀
마 내 카렌반군들은 태국 접경지역에서 떠돌아
다니고 있는 카렌족 난민들을 군부대가 주둔하
는 캠프기지로 집단이전시키기 위한 마을 만들
기 작전을 펼치고 있다. 카렌반군들은 캠프 내
에 학교와 병원, 대강당 등을 지어 태국으로 탈
출한 난민들을 집단이주시키기 위한 공동체 재
건 프로젝트를 추진하고 있다.

지난 2009년 정부군 공격으로 빼앗겼다
약 2년 만에 되찾은 카렌반군캠프는 군전초기
지와 막사, 식당, 작은 병동 등을 다시 지어 군
사기지로 활용되어왔다. 최근 반군은 캠프에
건립할 병원 건립자금을 마련하기 위해 국제

"물 위로 던져진 작은 돌 하나가 만드는 파장으로

호숫가 전체가 일렁이듯,

무지의 잠에 빠져 있는 미얀마 시민사회도 서서히 깨어날 것이다. "

NGO 등과 접촉을 벌이고 있다. 병원이 세워져야 집을 잃고 미얀마 산간지대 등지에서 숨어 사는 난민들을 데려다 돌봐줄 수 있기 때문이다. 칸타이 부대 연병장에 학교와 기숙사, 대강당, 정수시설을 지어 버마 난민 2세들을 교육시키는 학교를 만들고자 한다. 반군도 역시 카렌족의 언어와 문화 등을 가르쳐야만 자신들의 문화정체성을 지켜나갈 수 있다고 판단하고 있다. 특히 난민 2세들을 태국 내 유명한 대학 등지에 보내 교육을 시키면 반드시 이들이 고향으로 돌아와 카렌 공동체를 재건시킬 것이라는 강한 믿음을 갖고 있다. 카렌반군은 난민이 300여 명씩 거주할 수 있는 마을을 세 개나 만든 상태다.

숨어 있는 악마, 지뢰 등 위험요소를 제거하라

시도때도 없이 터질지 몰라 '숨어 있는 악마'라고 불리는 지뢰는 미얀마 사회 전 분야에 '숨겨져 있다'. 지뢰는 에이즈로, 말라리아로, 빈곤으로, 무지로, 폭력으로, 인신매매란 이름으로 터지기도 한다. 때론 물신주의로, 황금만능주의로, 이기주의 등의 모습으로 소리도, 냄새도 없이 우리들 곁에서 폭발, 시민사회 혹은 공동체를 한순간에 붕괴시켜버린다. 때문에 지뢰는 버마 공동체 건설의 가장 큰 장애물로 손꼽힌다. 사람들은 "미얀마에 평화가 오더라도 국경지대에 뿌려 놓은 지뢰 때문에 진정한 평화가 오지 않을 것"이라고 이야기한다. 미얀마 사회에 심어져 있는 소위 '지뢰' 같은 위험요소를 사전에 제거하지 않으면 미얀마 민주화는 한여름 밤의 꿈으로 끝나고 말 것이다.

버마 공동체 복원을 위한 국제사회의 관심이 그 어느 때보다도 절실하다. 아직은 미얀마 땅에 숨겨져 있는 천연자원이나, 자국의 이

◆ 참고문헌 ◆

박은홍, "버마의 봄, 변화의 거대한 행보는 계속될 것인가", 『황해문화』, 봄호, 2013.

버틸 린트너, 『아웅산 수찌와 버마 군부』, 이희영 옮김, 아시아네트워크, 2007.

전상천, "창간 68주년―코리아 고스트, 난민", 경인일보, 2013년 9~11월, "혼돈의 땅, 태국 국경·메콩강 유역", 경인일보, 2008년 6~7월.

정문태, "버마, '후회는 늘 뒤늦게 찾아온다'", 『아시아저널』, 2호, 2011.

"버마, 변화를 말할 수 없는 까닭: 2014년 4월 10일―타이 국경", 『아시아저널』, 2012.

익을 위해 미얀마를 이용하기 위한 관심 표명에 그치는 경우가 다반사다. 이미 미얀마에 마천루가 들어설 정도로 외국 자본의 투자가 이뤄지고 있고 민주화나 군부독재의 종식 등을 외치는 이들이 많지만, 정작 미얀마에 살고 있는 사람에 대한 관심은 없는 듯하다.

먼저 시민사회의 역량을 강화시키기 위한 미얀마와 한국 등 국제사회의 연대정신이 필요하다. 그러나 버마 난민에 대한 국제사회의 평화적 지원 전망은 불투명하다. 버마 민족을 잘살게 해줘야 한다는 인도주의적 접근이나 미얀마 땅에 숨겨져 있는 천연자원이나, 각 국가의 이익을 지속적으로 보장하기 위한 일환으로 미얀마를 활용하고자 관심을 표명하는 정도다. 선한 의지로 미얀마 시민사회의 역량을 강화하고 '선거'를 통해 군사정부로부터 권력을 되찾아올 수 있도록 힘을 보태야 한다.

미얀마의 지뢰를 제거할 수 있는 힘은 곧 '관심'이다. 천문학적 지원금이 아니다. 우리 개개인이 관심을 갖고 미얀마를 바라보면 길 위의 아이들에게 비바람을 피할 수 있는 거처, 혹은 교육을 받을 수 있는 작은 공간을 만들어줄 수 있다. 한 번의 외식비를 미얀마에 세울 학교 부지 구입비로 기부하고, 건축가는 학교를 설계하고 벽돌을 쌓아올리고, 화가는 학교 담벼락에 그림을 그리고, 시인은 아이들에게 시를 들려준다면 아이들의 웃음으로 교실이 가득 메워질 것이다. 물 위로 던져진 작은 돌 하나가 만드는 파장으로 호숫가 전체가 일렁이듯, 무지의 잠에 빠져 있는 미얀마 시민사회도 서서히 깨어날 것이다.

자본주의의 난민

조한 / 홍익대 건축학과 교수

나는 티베트에 있다

종로에 있는 티베트 레스토랑 '포탈라'를 찾았다. 문이 열리자마자 향신료 냄새가 나를 맞이한다. 순간 냄새에 당황하여 살짝 멈칫거리고 있으면, 눈앞에 펼쳐진 영롱한 색상의 공간이 또 한번 나를 맞이한다. 묘한 형태의 길쭉한 조명등이 천정에 매달려 있고, 반투명한 종이의 조명등을 통해 번져 나오는 따뜻한 불빛이 나를 공간 속으로 끌어당긴다.

자리에 앉으니, 어느새 향에 익숙해지며 온갖 계열의 붉은색이 눈에 들어온다. 때로는 보색 관계인 청록색이 붉은색을 더욱 살려내는가 하면, 그런 붉은색의 평면을 가로지르는 황금색 문양과 낯선 형태의 티베트 글자가 공간을 넘나들며 끊임없는 움직임을 만들어낸다. 나는 어느새 티베트의 시공간에 들어와 있다.

포탈라의 메뉴에는 커리와 탄두리치킨 등 익숙한 인도 음식도 있지만, '뗌뚝' '툭빠' '모모'처럼 생소한 이름의 요리도 있다. 뗌뚝은 우리의 수제비를, 툭빠는 칼국수를, 모모는 우리의 만두와 비슷하게 생긴 전통 티베트 요리이다. 한참 고민하다 빛깔이 좋은 '쵸우민'을 먹기로 했다. 쵸우민은 야채와 고기를 같이 넣어 볶은 티베트식 볶음면이다. 혹시 향이 강하지 않을지 걱정이다. 음식을 기다리며 주변을 둘러보니, 익숙한 티베트의 사진들이 눈에 띈다. 마치 기하학적 형태의 하얀색 산 위에 붉은색 궁전이 솟아나오는 듯한 포탈라궁의 사진도 있고, 한때 포탈라궁의 주인이었던 달라이 라마의 사진도 있다. 사진을 보다가 불현듯 내가 한국에 있음을 깨닫는다. 사진 속의 티베트는 너무나 멀리 있었다.

드디어 주문한 쵸우민이 나왔다. 둥그런 접시에 수북이 쌓여 나온 쵸우민은 걱정했던 것과 다르게 향이 강하지 않았다. 베트남 쌀국

수도 향이 강해 별로 찾지 않는 나에게도 딱 맞았다. 쵸우민은 짜지도 맵지도 않고 담백했다. 야들야들한 면발을 한 입 가득히 느끼고 있으니, 어느새 다시 티베트의 시공간에 되돌아와 있었다. 머릿속으로는 내가 대한민국이라는 국가에 있다는 것을 알지만, 나의 혀와 코 그리고 눈은 내가 티베트에 있다고 강하게 주장하고 있다. 맛으로, 향으로, 색으로 나는 티베트에 있다. 비록 정치적으로는 대한민국에 있지만, 문화적으로는 티베트에 있는 것 아닐까?

포탈라는 단순한 티베트 레스토랑이 아니다. 티베트 난민 2세인 텐진 델렉(그의 한국 이름은 민수이다) 씨가 한국인 아내와 함께 운영하는 이곳은, 대한민국 속 '작은 티베트'이다. 이곳에 들어서면, 그 담백한 맛과, 아련한 향기 그리고 찬란한 붉은색의 물결 속에서 누구나 티베트 사람이 될 수 있다. 1951년 중국의 침공으로 나라를 잃은 티베트인들에게는,

타지 생활 속에서 점점 희석될 수밖에 없는 자신들만의 고유한 감각을 되찾는 감각의 충전소이자, 고향의 감각과 고향의 기억을 통해 다시금 자신들의 정체성을 공고히 하는 문화적 독립운동기지라고 할 수 있다. 또한 자본주의 체제 속에서 자신을 잃고 사는 한국인들에게는, 이국적인 티베트의 감각을 온몸으로 느끼며, 또다른 시공간 속에서 잠시나마 자신만의 휴식을 취할 수 있는 문화원 같은 곳이다.

포탈라는 단지 티베트만을 위한 공간은 아니다. 한국 내 이주노동자들의 인권을 위한 공간이자, 국내 철거민과 노동자들의 인권을 위한 공간이기도 하다. 티베트의 독립과 티베트 난민의 인권을 위해 명동성당 앞에 자리잡은 포탈라는, 명동성당 일대가 재개발되면서 철거민들의 권익을 위하여 같이 싸우게 되고, 어느새 신자유주의 체제 한가운데에 자리하게 된다. 그렇게 포탈라는 자신의 집에서, 가게에

"자신들만의 고유한 감각을 되찾는 감각의 충전소이자,
고향의 감각과 고향의 기억을 통해 다시금 자신들의 정체성을 공고히 하는
문화적 독립운동기지라고 할 수 있다."

서 쫓겨나 '난민'이 된 모든 사람들을 위한 공간이 된 것이다.

감각의 일부를 잃어버린 공간에서 길을 잃다

오랜만에 종로에 있는 피맛골을 찾았다. 대학생 시절 가끔 먹던 바삭바삭한 빈대떡 생각이 나서, 교보문고 쪽 피맛골 입구에 있던 열차집을 찾았다. 원래 1959년에 황학천변에 나무판을 기차처럼 죽 늘어놓고 빈대떡을 팔아서 기차집으로 불리다가, 나중에 천이 복개되면서 피맛골로 1969년에 이사 오면서 열차집으로 이름을 바꾸었다고 한다. 피맛골이라는 이름은 조선시대 서민들이 종로(당시 운종가)를 지나는 고관들의 말을 피해 다니던 길이라는 뜻의 '피마避馬'에서 유래하는데, 그래서인지 골목길

을 따라 빈대떡은 물론 선술집과 국밥집 등 서민들의 저렴한 먹을거리가 줄줄이 늘어서 있었다. 골목길을 걸으면, 선지와 순대, 빈대떡과 전 냄새가 나를 친절하게 맞아주곤 했다. 그 맛과 향을 온몸으로 느끼고 있으면, 어릴 적 시골 할머니가 만들어주신 온갖 빛깔의 전들과, 초등학교 시절 어머니가 시장에서 뚝배기 채로 사오신 순댓국, 대학생 시절 친구들과 함께 빈대떡에 소주 한 잔 했던 기억이 새록새록 떠오른다. 피맛골은 지금의 나를 만들어준 소중한 기억의 일부이자, 감각의 일부이다.

하지만 그곳에 열차집은 없었다. 아니 피맛골 자체가 없었다. 그곳에는 '르 메이에르'라는 거대한 주상복합 건물이 서 있다. 선짓국으로 유명한 청진옥도, 메밀국수집 미진도, 선술집 청일집도 없다. 수많은 사람들의 소중한 추억, 그 감각의 기억이 차곡차곡 쌓여 있던 공간에는, 맛도 향도 모두 앗아간 자본주의의 거대

한 기계가 서 있다.

혹시 아직도 피맛골의 흔적이 남아 있나 해서 건물을 둘러보니, 교보문고 쪽 1층 아케이드 입구에 전통 양식의 문에 '피맛골'이라는 간판이 걸려 있다. 새로 건물을 세우면서, 원래 있던 피맛골의 명맥을 조금이라도 살리기 위해 1층을 동서로 뚫어내고 만든 아케이드라고 한다. 길가에 있는 '피맛골의 명소'라는 안내판에서는 청진옥, 미진, 청일집 등 익숙한 이름이 보인다. 새로 조성된 상가에 옛 가게들이 들어온 것이다. 혹시나 하는 마음에 들어가보았다. 하지만 내 기억 속의 맛과 향이 아니었다. 깨끗한 실내공간에 옛날 대문처럼 가게 앞을 꾸며 놓은 청진옥의 선짓국은 옛날의 그 향이 아니었고, 새로운 가구와 깨끗한 벽으로 바뀐 청일집의 빈대떡은 왠지 무엇인가 빠진 것 같았다. 미진은 그냥 동네 국숫집과 별반 다르지 않았다. 같은 주인, 같은 요리라지만, 장소가 간

직한 시간의 맛과 향이 사라진 공간에서 더이상 같은 음식이 아니었다. 나는 단지 추억의 공간을 잃은 것이 아니라, 나를 만들어주는 감각의 일부를 잃은 것이다. 피맛골의 맛과 향기가 자본이라는 추상적인 가치로 대체된 그곳에서, 내 몸의 감각 역시 조금씩 마비되어, 어느새 나 자신의 정체성마저 잃게 하고 있다. 자본주의의 거대한 추상기계가 나를 또다른 난민으로 만들고 있다.

시간의 감각 속에서 발견 가능한 고유한 정체성

우리 민족 역시 한때 난민이었다. 1910년 경술국치로 일본에 국권을 빼앗기고, 이후 1945년 해방될 때까지 무려 36년 동안 우리는 난민이었다. 1951년 국권을 빼앗긴 티베트의

독립을 위해, 티베트 망명정부가 인근 인도 북부 달람살라 지역에 있는 것처럼, 대한민국 임시정부 역시 중국에서 독립운동을 전개하였다. 강권통치의 한계를 느낀 중국은 1980년대부터 티베트 땅에 한족을 대규모로 이주시키는 한족화정책을 통해 티베트의 정체성을 말살하려 했다. 일본도 1930년대부터 황국신민화정책을 통해 한국인의 정체성을 말살하기 위해, 한국어는 물론 한국 이름도 사용하지 못하게 하였다. 1945년 8월 대한민국이 일제의 식민치하에서 독립하게 되었다는 소식으로 북적이는 거리에는 환호하는 사람들과 함께 일본 패망의 소식에 통곡하는 소녀들의 모습이 중첩된다. 포탈라에서 티베트를 생각하다보니, 일본말을 사용하며 일본 음식을 먹었던 당시의 젊은 세대들이 과연 우리의 맛과 향, 우리 민족의 고유한 감각을 기억하고 있었을지 궁금해진다. 자주적 독립이 아닌 외세에 의해 급작스런 해방을 맞이하면서, 우리에게는 문화적 정체성을 제대로 형성할 시간적 여유가 절대 부족했을 것이다. 정치적 해방만으로 우리의 정체성을 자동적으로 되찾을 수는 없기 때문이다. 어떻게 보면 해방 후 우리가 그렇게 오랫동안 '한국성'에 집착하며 왜색에 과잉반응하는 것은 희석되다 못해 거의 잊힌 우리의 문화적 정체성 그리고 그 정체성을 구성하는 우리 자신만의 감각을 찾으려는 절박함 때문이 아닐까?

우리 주변에는 끊임없이 국가관을 강요하는 행사들이 많다. 올림픽과 월드컵 등 각종 국가적 스포츠 행사를 통해 끊임없이 국가관을 학습시키며 국가적 결속력을 강화하려 한다. 하지만 국가란 무엇인가? 국가적 정체성을 구성하는 우리만의 맛과 향기, 즉 우리만의 감각이라는 것은 정말 존재하는 것일까? 추상적인 국제적 권력관계 속에서 형성되는 국가라는 개념에 과연 우리만의 감각을 담을 수 있을까?

"우리의 정체성을 약화시키고, 지속적으로 감각적 공명을
불가능하게 하는 이 시스템은 총체적으로 자본주의에 종속되는
문화적 난민을 양산하고 있다."

국가라는 단어 앞에서 무수히 많은 질문들이 떠오른다. 결국 우리를 만드는 것은 거창한 국가관이나 이데올로기가 아니라 바로 우리만의 고유한 감각, 우리만의 기억을 담고 있는 '시간의 감각'이라 할 수 있다.

문화적 정체성은 우리만의 고유한 기억에 기반을 둔다. 다양한 시간, 다양한 기억이 적층된 공간은 우리의 고유한 감각을 지속적으로 활성화시킴으로써 우리의 정체성을 유지하는 데 아주 중요한 역할을 한다. 하지만 모든 가치를 정량화하는 신자유주의는 정량적 개발을 강요한다. 우리의 맛과 향을 간직한 오랜 동네와 재래시장 등 시간이 적층된 공간을 추상적 가치로 대체된다. 우리의 정체성을 약화시키고, 지속적으로 감각적 공명을 불가능하게 하는 이 시스템은 총체적으로 자본주의에 종속되는 문화적 난민을 양산하고 있다.

민수씨는 한 인터뷰에서 포탈라를 "단순한 맛집으로 맛있다는 소리만 듣는 것이 아니라, 이 복잡한 도시 서울에서 티베트란 나라를 보고, 맛보고, 오감을 즐길 수 있는 공간으로 만들어나갈 것"이라고 이야기한다. 또한 그는 50년 이상 나라가 없는 상황에서 국가적 독립도 중요하지만 티베트의 문화적 정체성을 유지하는 것이 얼마나 중요한지 역설하고 있다. 우리는 대한민국이라는 국가 속에 안주하며 과연 얼마나 절실하게 우리의 정체성을 유지하기 위해 노력하고 있는가? 신자유주의 체제로부터 자신의 집으로부터 자신의 가게로부터 자신의 동네로부터 수많은 사람들이 쫓겨나는 상황에서 말이다. 그리고 우리 고유한 감각의 기억을 담고 있는 장소들이 추상적인 가치에 대체되는 상황에서 우리는 과연 우리 자신이 '자본주의의 난민'이 아니라고 감히 주장할 수 있을까?

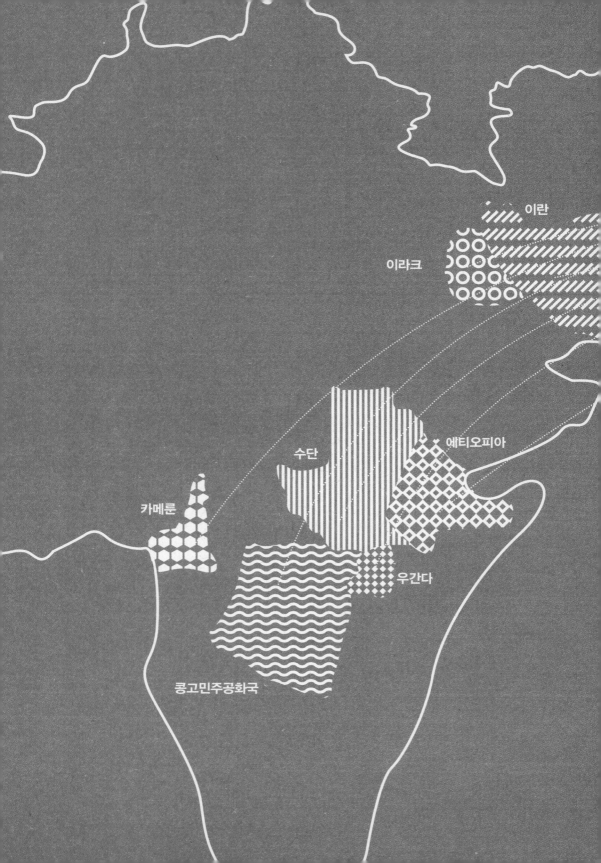

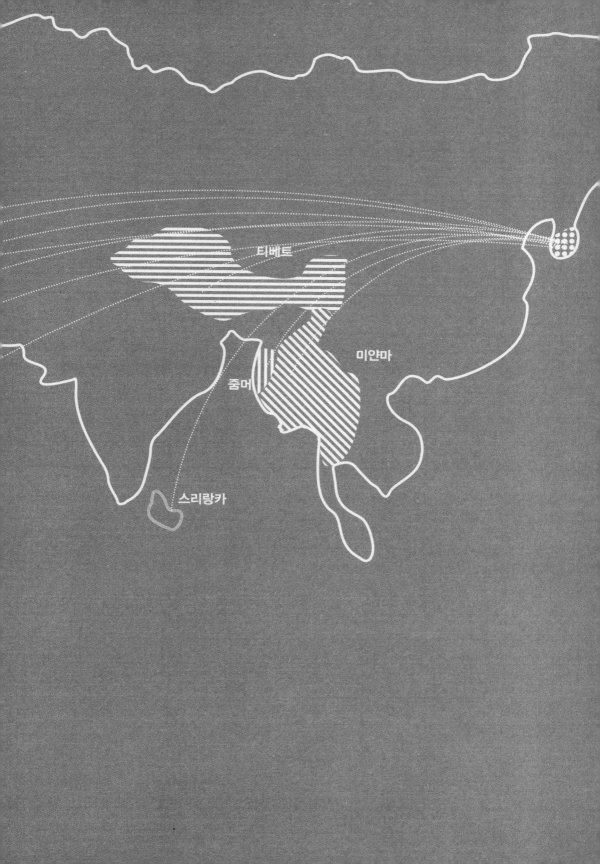

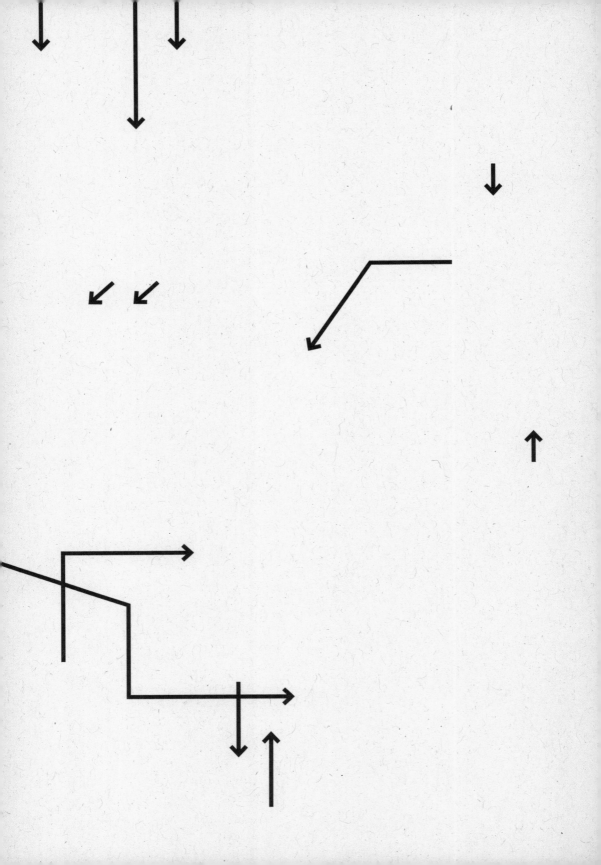

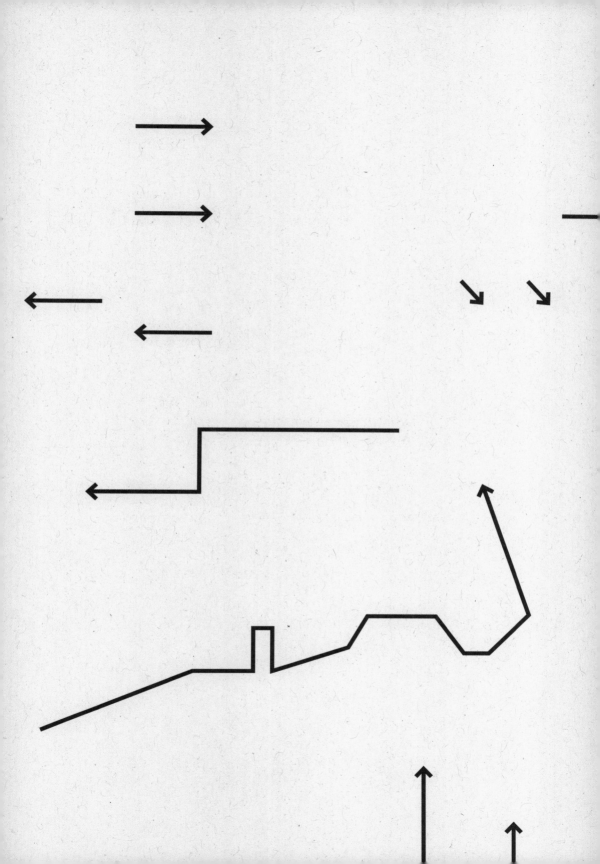

Nansen
Workshop

난민

약속의 문

로넬 차크마 나니 Ronel Chakma Nani

당신이 '난센여권'을 만든 탐험가 난센이라면 어떤 여권을 만들 것 같나요?

비슷한 성격으로 미국에서 2000년대 '세계여권 World Passport'을 발행했습니다. 일본에 지부가 있고 '세계가 한 국가'라는 전제 아래 발행한 여권입니다. 세계시민 World Citizen이라고도 하죠.

세계여권을 받았을 때 기분이 어땠나요?

당시 불법체류자 신분이었는데, 세계여권이 있다는 사실만으로도 작게나마 위안을 얻었습니다. 실제로도 사용할 수 있는 여권이고, 나라별로 제한이 있을 수 있다는 조항도 있습니다. 다른 사람들에겐 의미가 없지만 난민에겐 의미 있는 여권입니다. 실제로 네팔에서 입국 도장을 받은 적도 있습니다. 방글라데시는 몇 년 전까지 주민등록증 제도가 없어서 가짜 여권을 발급받은 뒤 해외로 망명하는 일이 많았습니다. 지금은 주민등록증 제도가 생겨서 여

권 발급이 어려워졌고 그만큼 해외이주나 망명도 어렵습니다.

여권을 볼 수 있을까요?

제 것은 잃어버려서 갖고 있는 친구가 있는지 알아볼게요. 예전에 세계여권으로 은행이나 경찰에서 신원을 조회할 때 사용한 적이 있습니다. 출입국관리소에서 문제가 생기더라도 자국으로 송환되지 않게 하는 방어 역할을 할 거라는 생각이 듭니다.

일종의 난센여권 같은 기능을 한 거네요.

몇 년 전까지만 해도 방글라데시에는 주민등록증이 없었습니다. 출생신고도 의무가 아니었기 때문에 줌머인들이 다른 사람 명의로 가짜 여권을 발급 받고 해외로 망명할 수 있었습니다. 지금은 주민등록제가 의무화되

었고, 18세가 되면 투표카드가 발급되는데 그 카드가 한국의 주민등록증 역할을 합니다. 그러다 보니 줌머인들이 망명하기가 어려워졌습니다. 줌머인들뿐만 아니라 인구조사에서 누락되거나 신분에 문제가 있는 사람들은 여권 발급이 어려워졌습니다. 그런 점에서 대안적인 기능을 할 수 있는 문서가 있으면 좋겠습니다. 〈난센여권〉이 그런 기능을 가지면 좋겠어요. 자유로운 망명을 위해서는 ID카드가 필요하니까요. 방글라데시 정부가 발급하는 줌머인에 대한 소수민족 증명서가 있지만 줌머족 입장에서는 줌머족장이 발급하는 특별한 의미를 지닌 ID카드가 있으면 좋겠어요. 대학 입학, 공무원시험 응시 때 도움이 되고 난민 인권의 대안적인 역할을 하는 여권이면 좋겠습니다.

Door. 1 당신의 문, 과거: 난민 지원에 대한 신념을 갖게 된 계기와 당시의 사회적인 분위기가 어떠했는지 궁금합니다.

과거의 문은 "쉽게 열릴 수 있는 문 그러나 누구나 함부로 열지 않는 문 The door is open, but no one open because the door is to be protected"으로 이야기할 수 있습니다. 인구가 1천8백 명에 불과한 구미족이라는 소수민족의 집에는 대나무로 만든 담장과 문이 있는데, 이들은 외출할 때 대나무 하나를 문에 걸어둔다고 합니다. '사람이 없으니 들어오지 마세요'라는 뜻입니다. 달랑 대나무 하나인지라 누구든지 쉽게 열고 들어갈 수 있지만 아무도 들어가지 않습니다. 우리는 어떤가요? 강력한 잠금장치로 문을 봉해두지만 그것을 부수고 들어가려 하지 않나요? 이것이야말로 과거로부터 배울 수 있는 문이라는 생각이 듭니다.

이 문의 이름을 짓는다면 '약속의 문'이라고 할 수 있을까요?

함부로 열지 않는 문이라고 할게요. '약속의 문'도 좋겠네요. 집주인이 마음으로 잠근 문인 만큼 그것을 열

때에도 역시 마음으로 열어야 하는 것이죠. 현대사회는 가진 것도 많고 지켜야 할 것도 많고 그만큼 의심도 많고 이웃에 대한 믿음도 없어져서 약속의 문이 존재하기 힘들 테니까요.

이야기를 들으면서, 과거로부터 배워야 할 것들이 많다는 것을 느낍니다. 줌머족과 줌머인연대에 대해서도 소개해주세요.

재한줌머인연대는 2002년에 결성되었습니다. 원래 명칭은 'Jumma Peoples Network Korea'입니다. 한국어로 번역하는 과정에서 '줌머인연대'가 되었는데, 이후 '연대連帶, Solidarity'의 의미로 확장되어 '재한줌머인연대'로 발전했습니다. 기독교, 불교, 일반 사회단체의 지원을 받고 있습니다. 처음에 비해 시민단체로부터의 관심은 낮아졌습니다. 난민에 대한 인식 부족이 가장 큰 이유 같습니다. 우리는 난민이라기보다는 줌머인으로 활동하는, 즉 소수민족운동을 하고 있습니다. 문제는 난민에 대한

인식이 부족한 가운데 소수민족에 대한 인식은 더욱 없다는 겁니다. 어쩔 수 없이 우리 스스로의 힘으로 활동하며 줌머인연대의 개념을 조금씩 알리고 있습니다. 처음 7명으로 시작한 연대는 지금은 70명으로 늘어났고, 줌머인을 알리기 위한 전시 등 문화행사도 펼치고 있습니다. 앞으로는 교육에 초점을 맞춰 활동을 하려 합니다. 줌머 자녀들을 대상으로 하는 한국에 관한 교육은 물론 한국인을 대상으로 한 줌머족에 관한 교육도 필요합니다.

그러한 활동이 한국사회에 어떤 영향을 미친다고 보나요?

문화를 통한 사회적 통합이라고 할까요. 한국인과 줌머인의 사회적 통합을 가져올 것으로 기대합니다. 당장은 힘들지만 미래에 자국에 돌아갔을 때 줌머의 자치독립 활동을 위해서라도 한국과 줌머족 사이의 교량 역할을 하는 게 필요합니다.

한국인과 줌머인의 연대를 통해 우리가 배울 수 있는 것은 무엇이 있을까요?

줌머인연대 같은 선주민 Indigenous People 운동은 유엔에서도 이슈가 되고 있습니다. 과거의 제1, 2차 세계대전은 정치적 이념에 의해 발생했지만, 오늘날 일어나는 전쟁의 70퍼센트는 소수민족을 둘러싼 내전입니다. 소수민족의 인권이 보호받으면 전쟁도 자연스럽게 줄어들 것입니다. 전쟁뿐만 아니라 환경문제에서도 선주민의 역할이 중요합니다. 넓은 의미에서 줌머인과 선주민운동은 한국의 시민사회와 함께하는 다양한 활동을 만들어낼 것입니다.

난민 관련 활동과 소수민족 인권운동이 당신의 삶에 어떤 영향을 미쳤나요?

많은 부분이 달라졌습니다. 동시에 나빠지기도 했습니다. 우리 활동가들은 '매개체 Media'입니다. 활동가를 통해 우리사회가 직면한 이슈가 알려질 수 있는 만큼 많은 사람들을 만나 개인적 문제, 민족, 난민 문제 등을 알렸습니다. 반면 저를 비롯한 많은 활동가들이 사회적으로 보호받지 못하다 보니 활동 범위에 제한이 따르는 것도 사실입니다. 우선 활동 영역을 난민, 줌머인에서 좀더 확대해야 합니다. 세계 선주민이라는 의미가 영향력을 갖고 있듯이 보다 넓은 시야를 확보하기 위한 다양한 시도들이 이뤄져야 합니다.

난민을 이해하는 또다른 문으로 책과 영화로 구성된 선반을 만들고 있습니다. 어떤 책을 소개해 주시겠어요?

마하트마 간디의 자서전을 2년간 읽고 있는데 아직 다 못 읽었습니다. 간디가 아프리카에서 받은 인종 차별과 한국에서 이주민이 겪는 인종 차별이 다르지 않다는 생각입니다. 소수민족과 난민에게 권하고 싶은 책입니다. 음악은 주로 고전음악을 즐깁니다. 인도의 시인 라빈

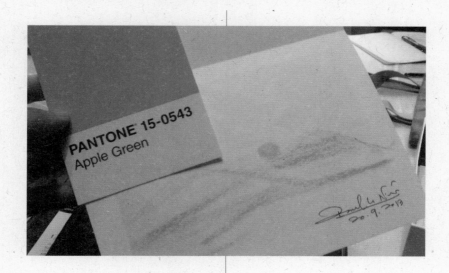

드라나드 타고르의 시도 좋아합니다. 타고르는 인도 벵갈 출신입니다. 벵갈인은 우리 민족을 탄압하는 적이지만 타고르의 시는 그것을 초월합니다. 특히 1913년에 노벨상을 수상한 「기탄잘리Gitanjali」라는 시를 좋아합니다. '신에게 바치는 송가Song Offerings'라는 뜻으로, "Where the mind is without fear"라고 시작합니다.

줌머인을 떠올릴 수 있는 컬러는 무엇일까요?

연녹색입니다. 레오나르도 다 빈치의 〈모나리자〉의 배경이기도 합니다. 산의 색깔과 햇빛이 겹쳐질 때 나타나는 색으로, 제 고향은 깊은 계곡과 강, 높은 산이 있는 곳이라 줄곧 보고 자란 색으로 산 위로 떠오르는 햇빛, 푸르른 숲으로 상징되는 색입니다.

고향에 대해 더 얘기해주세요.

1962년 원래 살고 있던 곳이 수몰지역으로 지정되면서 부모님을 비롯한 친척들이 북쪽으로 이주했습니다. 형은 그곳에서 태어났고 저는 카그리챠리에서 태어났습니다. 파키스탄 정부가 중부지역(치타공 산악지대)에 수력발전소를 세우면서 일부 마을이 수몰되었기 때문입니다. 그곳에 거주하던 사람들은 인도로 강제이주되었고, 일부는 북쪽으로 옮겨갔습니다. 지금 그 자리는 호수로 바뀌었고, 관광지가 되어 많은 사람들이 오가고 있습니다. 줌머인은 주로 북쪽으로 이주했는데, 벼농사를 주로 짓는 줌머인에게 농사를 지을 곳이 사라졌다는 것은 곧 삶의 터전이 없어진 것과 같았습니다.

한국에서 김포에 정착한 특별한 이유라도 있나요?

공항에서 가깝다는 이유가 컸습니다. 다수의 이주민들이 김포나 인천 주변에 자리를 잡은 까닭도 비슷할 겁니다. 대부분 서울은 일자리가 없어서 살기가 팍팍하기 때문에 산업단지가 모여 있는 인천이나 경기도에서 많이

"문화를 통한 사회적 통합이라고 할까요.
한국인과 줌머인의 사회적 통합을 가져올 것으로 기대합니다."

거주하고 있습니다. 함께 모여 사는 이들도 많아서 공동체의식이 강하다는 것도 이곳을 선택한 또다른 이유일 겁니다.

미국으로 간 줌머인도 많다고 들었습니다. 미국으로 이주한 이유를 세계경제의 지배구조나 전 지구화의 흐름과 연관시켜도 될까요?

줌머 문제는 경제 문제만 얽혀 있는 게 아닙니다. 여기엔 역사적 배경이 자리하는데, 1970년대 동파키스탄이 방글라데시로 독립하는 과정에서 줌머인의 자치권이 점점 줄어들었습니다. 식민지시대 때도 자치국으로 존재했고, 지금도 왕이 있지만 방글라데시 정부는 줌머인의 정체성을 인정하지 않았습니다. 왕을 족장으로 간주하고, 지위 또한 차관급으로 격하시켰습니다. 생활이 가난해서 이주를 해야만 했던 줌머인은 방글라데시와 전쟁을 벌일 수밖에 없었습니다. 가난으로 생활이 어렵다 보니 좋지 않은 감정이 생기고 결국 방글라데시와 파키스탄 정부를 상대

로 한 전쟁이 된 것입니다. 전쟁이 장기화되면서 경제 발전이 이루어지지 않고 또다시 가난이 반복되면서 문화적, 경제적으로 풍족하고 기회가 많을 거라는 이유로 미국에 가는 것입니다. 제가 한국을 선택한 건 '민족적'인 이유 때문이었습니다. 인종차별은 있지만 같은 계통의 몽골족이라는 이유였습니다. 한국의 민주화 운동도 이유가 되었습니다. 줌머는 1985년부터 민주화 운동을 했는데, 한국은 1988년부터라고 알고 있습니다. 국가 간의 경제적 경쟁 속에서 부자 나라는 더 부자가 되고 가난한 나라의 국민들은 부자 나라를 선택해서 떠날 수밖에 없는 겁니다. 예전엔 한국보다 줌머가 더 잘 살았습니다. (웃음)

"Song offering " —
(Gitanjoli)

" where the mind is free
from fear . . . . .

The door easy to open
But No one opens , because
It's shut to be ~~ser~~ protected the home.

동화책 문

마웅저 Maung Zaw

Door. 1 당신의 문, 과거: 난민에 대한 사회의 '무엇'이 세상으로의 '문'을 열게 했나요? 한국에서 사람들과의 관계는 어떻게 만들었나요?

매년 4월, 미얀마 사람들은 '띤잔(물) 축제'로 새해를 맞이합니다. 미얀마 사람들이 가장 즐기는 축제입니다. 4~5일 동안 진행되는 축제는 거리를 돌아다니는 사람들에게 축복을 내려준다는 명목으로 서로에게 물을 뿌립니다. 불결하고 불순한 것, 죄, 추함을 씻어내고 새로운 몸과 마음으로 새해를 맞이하라는 의미입니다. 한국에 거주하는 미얀마 사람들도 매년 경기도 부천에서 한데 모여 축제를 열고 음식을 나눠먹습니다. 이처럼 이주민들의 새해맞이는 한국사회 여기저기에서 이뤄지지만 정작 한국 사람들은 관심이 없는 것 같습니다. 많은 한국 사람들이 미얀마 사람들이 운영하는 '따비에' '미얀마 공동체' 'NLD 한국 지부' 등을 찾아서 미얀마의 평화를 함께 기원해주길 바랍니다.

Door. 2 당신의 문, 현재: 따비에 출판사를 하나의 '문'으로 간주할 때 이 문은 어떤 사람들에게 열려 있나요? 이 문에 들어서면 어떤 이야기가 펼쳐지고 무엇을 만나게 되나요?

제가 관심을 가지고 있는 것은 '청소년 교육'이고, 가장 싫어하는 것은 '인권을 이용해서 이득을 챙기는 일'입니다. 20년 동안 한국에서 살며 얻은 것은 '인간답게 살아갈 수 있는 방법과 경험'입니다. 젊은 시절을 한국에서 보내면서 이우고등학교, 하자센터, 부천 고리울 청소년 문화의 집 등 한국의 청소년들과 함께 미얀마를 기준으로 형성된 난민의 현실을 알리는 데 힘써왔습니다. 앞으로도 '청소년 교육활동가'로 살고 싶습니다.

"제가 관심을 가지고 있는 것은 '청소년 교육'이고,

가장 싫어하는 것은 '인권을 이용해서 이득을 챙기는 일'입니다.

20년 동안 한국에서 살며 얻은 것은 '인간답게 살아갈 수 있는 방법과 경험'입니다."

Door. 3 당신의 문, 미래: 가까운 미래에 어떤 '문'을 만들고 싶은가요? 앞으로 열게 될 '문'을 위해 필요한 것은 무엇일까요?

한국에서 많은 것을 보고 배우면서 고향보다 자유롭고 편하게 살 수 있었습니다. 한국에서의 20년이 잃어버린 20년이라는 생각도 듭니다. 따비에를 통해 미얀마의 어린이들과 청소년들이 다른 세상을 보고 배울 수 있기를 바랍니다. 그런 염원이 이뤄질 수 있도록 미얀마 청소년의 미래를 위한 문인 도서관을 마을 곳곳에 짓는 것을 상상해봅니다.

* 마웅저 씨는 난민 지위를 버리고 최근 미얀마로 귀국했다. 현재 미얀마 양곤에 위치한 따비에 본부에서 활동을 재개하고 있다.

Black !

I represent my country as place
which is in darkness. No life, no
human respect. No light. Every hing is
in darkness.
Human being needs dignity, needs
freedom, needs peace. This country needs
his citizens to bring light so that they
can move freely without any worry.
As we say, no finger can wash
the face, more than two (5 fingers)
can. So, this country needs unity
of its people to resolve problems.
We needs people with sens of
humanity to support Congolese bring
light !

Yiombi Thona
2013-10-07

옴비 토나 Yiombi Thona

컬러로 자신을 표현해주세요.

하늘색입니다. 구름 한 점 없고 근심없는 하늘색. 13세부터 가족과 떨어져서 공부했는데 돌이켜보면 곁에 늘 친구들이 함께했습니다. 가족 문제보다 친구들의 문제에 더 앞장서는 이유이기도 합니다. 새 친구를 만나면 가급적 관계를 끝까지 유지하려고 노력합니다. 고향에서 정보원으로 일하며 정보국과 문제가 있었을 때에도 친구가 없었다면 이미 죽었을 겁니다. 친구의 도움으로 탈출할 수 있었고, 한국에서도 친구들의 도움이 있었기에 난민으로 인정받을 수 있었습니다. '피난처'의 이호택 대표님, 김종철 변호사님, 박진숙씨는 정말 소중한 친구이자 가족입니다.

조국에서는 어떻게 지냈었는지 컬러로 이야기 해주시겠어요?

검은색입니다. 콩고에 가면 검은색만 보게 됩니다.

빛이 필요한 암흑과 같은 곳이죠. 내 고향 콩고는 사람들이 걷고 움직일 수 있는 빛이 필요합니다. 암흑에서는 두려움에 질려 자유롭게 움직일 수 없거든요. 콩고는 정치적, 경제적으로 어둠이 가득합니다. 콩고에서도 검정색은 어두움, 슬픔, 애도의 뜻을 갖고 있습니다. 어둠은 아이들이 학교에 가는 것을 방해하고, 사람들이 인간답게 사는 것을 막습니다. 어둠은 나쁜 정치, 나쁜 경제입니다. 어둠 속에서 사람들은 보호받지 못합니다. 지금 콩고에는 빛이 필요합니다. 저는 한줄기 빛이 되고자 합니다. 콩고로 돌아가게 되면, 아니 한국에서 저는 콩고를 향해 빛을 비추고 있습니다. 저를 포함한 모든 사람들이 콩고를 향해 빛을 비추면 콩고에도 빛이 생겨날 겁니다. 콩고는 인권이 부재한 암흑 속에 있습니다. 그곳에서는 지금도 억울한 죽음을 호소할 길 없이 그저 슬퍼하는 이들로 넘쳐납니다.

한국으로 오게 된 여정에 대해 듣고 싶습니다.

암흑을 떠나 평화롭고 친절한 곳을 기대하면서 한

국에 왔지만 첫인상은 그렇지 않았습니다. 암흑에서 또다른 문제로 이동한 느낌이었다고 할까요. 안전을 위해 피해왔는데 도착한 곳 역시 평화롭지도 안전하지도 않았습니다. 다시 빨간색을 선택하고자 합니다. 축구 경기에서 레드카드는 퇴장을 의미하지만, 여기에서 빨강은 '바꾸자'는 뜻입니다. 물론 평화적인 색은 아닙니다. 사람들은 이제 대학교수까지 되었는데 난민의 인권 같은 부정적인 얘기는 그만하라고 충고합니다. 하지만 제가 하는 모든 이야기는 저와 같은 난민들을 위한 겁니다. 모든 난민들이 저처럼 대학교수가 될 순 없을 테니까요. 그래서 오늘도 나는 그들의 인권을 위해 이야기합니다. 처음 콩고를 떠나왔을 때에 비해 저의 삶은 조금 달라졌지만 다른 난민들의 삶이 달라진 것은 아닙니다.

한국에서의 삶은 어떤 컬러로 표현할 수 있을까요?

초록색입니다. 처음 이곳에 왔을 때, 내가 어떤 나

라로 왔는지, 어떤 사람들이 사는 곳인지 생각했습니다. 내가 갖고 있던 문화와 한국의 문화를 어떻게 공존할 수 있을까를 고민했습니다. 나의 문화만으로는 살 수 없고 동시에 한국 문화만으로도 살 수 없었으니까요. 나의 문화와 한국 문화를 통합해야 했습니다. 한국에 스며드는 데 가장 중요한 것은 나의 태도였습니다. 저는 항상 웃으며 살고자 합니다. 기분이 나빠도 웃으려 노력합니다. 한국인들은 좋은 사람들입니다. 정부의 정책이 잘못되었을 뿐입니다. 라이베리아에서 온 친구가 있는데, 그 친구가 공장에서 일하다가 한국 사람과 싸움이 났다고 해서 가보니, "라이베리아에도 콜라가 있냐"는 비아냥 때문에 싸움이 났던 겁니다. 무시한 한국 사람도 잘못이지만, 그 친구역시 "라이베리아에도 콜라 있어"라고 하면 되는 거였습니다. 저 역시 한국인으로부터 "콩고에 아파트가 있냐"는 질문을 받곤 합니다. 궁금해서 물어보는 사람에게 화를 낼 게 아니라 "콩고에도 있다"고 설명하면 문제가 생기지 않습니다. 통합과 화합의 초록색, 숨을 쉴 수 있는 공기를 만들어주는 초록색으로 삶을 대신 이야기하고 싶습니다.

당신의 미래는 어떤 컬러인가요?

단순히 한국 국적을 얻기 위해서 한국에 온 것이 아닙니다. 저는 난민으로 왔고, 언젠가 때가 되면 돌아가기 위해 잠시 살고 있는 것입니다. 한국에서의 지난 6년을 돌아보면 저의 여정은 '빨강'이었습니다. 하지만 한국은 저에게 빛을 주었습니다. 그래서 한국에서의 미래를 상징하는 색을 '흰색'으로 하겠습니다. 빛이 있다는 건 문제가 발생할 때 항의할 수 있는 창구가 있다는 것을 말합니다. 하얀 바탕에서는 작은 점도 쉽게 찾을 수 있어서 문제를 발견하기 쉽고 그만큼 닦아내기도 쉽습니다. 한국에는 이미 빛이 있습니다. 빛에 빛을 더할 필요가 없습니다. 가능한 한 빨리 콩고로 돌아가고 싶습니다. 완전한 안전이 보장되지 않더라도 최소한의 안정만 보장되는 확신이 생기면 콩고로 돌아가 문제를 해결할 것입니다.

콩고는 소수의 정치인들만 잘먹고 잘사는 정치를 합니다. 대다수 국민들은 학교도 가지 못하고 수준 높은 의료서비스도 받지 못합니다. 누구에게나 평등하게 기회가 보장되어야 하고 인간으로 살 수 있는 권리가 주어져야 합니다. 그런데 유럽은 유럽의 이익만을, 미국은 미국의 이익만을 생각하고 있습니다. 그 바깥의 사람들은 고통에 신음하고 있습니다. 모든 인간은 인간답게 살 수 있는 권리를 갖고 있습니다. 비록 지금은 때가 아니지만, 가까운 미래에 콩고에서 변화를 위해 노력할 것입니다. 콩고를 위해, 우리나라를 위해. 콩고에 돌아가면 한국에서 배운 대로 할 것입니다. 한국은 제게 학교입니다. 이곳에서 한국의 생활방식과 사고방식을 배웠습니다. 처음 한국에 와서 '우리나라'라는 말을 들었을 때가 잊히지 않습니다. 얼마나 인상적이었는지 모릅니다. 하지만 콩고는 물론 한국에서도 아직 해야 할 일이 많습니다. 대체 언제까지 식량을 받기 위해 줄을 서야 합니까. 고통받는 사람들을 위해 아무것도 하지 않는 것은 나만 혼자 편하게 살면 된다는 이기심과 다름없습니다. 저는 그런 생각을 변화시키기 위해 더욱 노력할 것입니다.

"콩고를 위해, 우리나라를 위해.
콩고에 돌아가면 한국에서 배운 대로 할 것입니다.
한국은 제게 학교입니다."

프리드쇼프 난센의 '난센여권'이 갖는 의미와 그 것이 우리에게 시사하는 것은 무엇일까요? 만 약 당신이 난센이라면 어떤 여권을 어떻게 만들 고 싶은가요?

난민은 여권이 없는 까닭에 여행자 증명서를 들고 다닙니다. 그런데 다른 나라에 입국할 때는 문제가 되지 않는데 유독 한국에서만 문제를 삼습니다. 출입국 신고 시 공무원들이 여행자 증명서를 모르고 있는 경우도 많습 니다. 여행자 증명서에 법무부 전화번호가 적혀 있는데도 '이게 뭐죠? 이거 어디서 만들었어요?'라는 질문을 항상 합니다. 법무부에서 만든 여행자 증명서를 어떻게 이민국 직원들이 모를 수 있을까요? 그들은 항상 여기저기 전화 한 후 결국 우리를 검사실로 보냅니다. 검사실에 가서도 한참 후에야 통과시켜줍니다. 한국에 입국할 때마다 신분 증, 학교 직원증을 보여주고 집 주소, 은행계좌 등을 알려 줘야 합니다. 그런데 다른 외국인들은 너무도 쉽게 입국 합니다. 저는 한국에 살고 있고, 이곳에서 살고 있다는 모 든 증명서가 있는데도 한국에 입국하는 게 너무 힘이 듭

니다. 〈난센여권〉 워크숍으로 여권을 만든다면 유엔의 도 장과 반기문 유엔총장의 보증이 필요합니다. 그래야 제가 언제나 겪어야 했던, 비행사 직원이 방송으로 "미스터 욤 비!"를 찾는 일이 줄어들 것입니다. 이는 저뿐 아니라 모 든 난민들이 겪는 일이기도 합니다.

Friends.

Child needs family's love. Chi...
...ds a good environment to gre...
...od environment is friends. On...
...et, a meeting you expect to...
...le. Among them, good one a...
...t one.
...In my life way, God has g...
...ne good people who have bee...
...l are ready to help and sup...
...e 13 years old, friends have...
...family. Friend are my lif...
...life is friends.
...o, As everybody has the cap...
...uild a better world. Every...
...capacity to resolve a confl...
...why the world has so ma...
...unsolved conflicts?
...et's live in respect of human be...

Yiombi Thona 2013

교육의 문

ကျိုးျပာ၊ ၈င္င ရ ၍ျ၈ရ ၈င္ င ၍ ၈က္ခ်ျ; ရ္က်က္ဂ်း
ကထ္က ၆ဒ္င ဂ်င္း၅ဂ္ဂ ၅ဒ္ ၂ရ ၈က္ ၈ရ္က်င္း
၈သ္၇ရ္ဂ်င္း ၂င္ကထ္က ၈ၐ္ေ၈ဟ္ရက္ ၈ရ္ တ္ဗ်ရ္;
ကက္ရ္ဂ်ျၿ၈ၐ္ဆရ္ ၂ထ္ရထ္ဂ်ရ္ၿ ၈ၐ္ဆ၈ၐ္ဒ္ရု
ကက္ဂ်၈န္ဂ်း ၆ ၅ ၿရ္ၿဟလ္ထ္ဂ်ထ္ ၅ၐ္ၐ္ ဆ၈င္ (၈ၐ္)ၿၐ္
၈ၐ္ဆ၈ၐ္ၐ္ ၐ်၊ ၈ၐ္၇၅င္ ၈ၐ္ၐ္ဆ္ဆ္ၐ္ဒ္ၐ်ဗ္ၐ်သ္ၫ

ကျဆ္၇၈ရ္
၂၀၁၇. ၉. ၁၇

조모아 (시) 한대용

조모아 Zaw Moe Aung

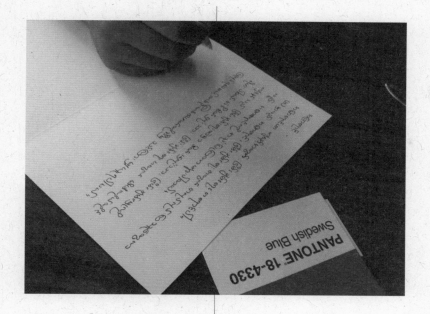

한국으로 오게 된 여정에 대해 듣고 싶습니다.

1994년에 산업연수생 비자를 받아 한국에 왔습니다. 2년이라는 비자 기간이 만료된 후 미얀마로 돌아가야 했습니다. 하지만 한국에서 미얀마 민주화 운동을 하고 싶었고, 발전된 모습이 좋아서 불법체류자 신분으로 남아 있게 되었습니다. 처음에는 휴대전화도 없어서 사람들과 연락하고 지내는 데 어려움을 겪었습니다. 본격적인 활동은 1999년 부천 외국인 노동자의 집에서 시작했습니다. 대부분 불법체류자였습니다. 두 명이 체포되어 미얀마로 추방될 운명이었는데 미얀마 민주민족동맹NLD에서 힘써준 덕분에 태국에서 한국으로 돌아올 수 있었습니다. 처음에는 난민 신청이라는 개념조차 몰랐습니다. 우리가 난민 신청을 할 수 있는지조차도 몰랐으니까요. 2000년 유엔난민기구에 문의해서 20여 명이 우리를 이해해준 변호사와 부천 외국인 노동자들의 도움을 받아 난민 신청을하게 되었습니다. 공익인권법재단 공감의 황필규 변호사가 행정법원, 고등법원, 대법원까지 가서 2008년 9월에 F2 거주비자를 받게 도와주었습니다. 무려 8년이라는 시간이

걸렸습니다. 처음에는 난민으로 인정받는 게 좋았지만 어떻게 살아야 할지 고민이 많았습니다. 외국인을 고용하는 공장에 가도 F2 거주비자로 인해 취업이 힘들었습니다. 난민 신청자라 일도 할 수 없고 은행도 사용할 수 없었습니다. 여권이 있어도 비자 기간을 연장할 수 없기 때문에 결국 무효화되고 맙니다. 그나마 지금은 많이 나아졌고, 한국에 산 지 20년이 되어가다 보니 좋은 사람도 많이 만나고 정도 많이 들어서 귀화할 생각도 하고 있습니다.

여권이 없으면 여러 가지로 불편할 텐데요.

취업, 은행계좌 개설, 송금, 운전면허 취득 등 불편한 것들이 한두 가지가 아닙니다. 동사무소에서 업무를 보는 것도 문제가 많습니다. 공장에 다니며 민주화 운동을 하는 것도 쉬운 일이 아닙니다. 집회도 많았고, 미얀마의 민주화 운동에 관심을 보이는 대학교를 찾아 강연도 해야 했습니다. 힘들었지만 반드시 해야만 하는 이유가 있었기에 지속적으로 할 수 있었습니다.

"제가 생각하는 평화는 '마음의 평화'입니다.
평화는 나누는 것이고 서로서로 돕고 보호해주는 것입니다."

당신의 미래는 어떤 컬러인가요?

학교에서 사회학, 역사를 배우고 싶은데 경제적 문
제에 부딪히곤 합니다. 한국에서 대학교육을 받게 되면
많은 사람들에게 미얀마가 처한 현실에 대해 알려주는 것
뿐만 아니라, 미얀마에 한국을 알릴 수 있는 교량 역할도
할 수 있을 겁니다. 그런 미래를 위한 문을 그리고 싶습니
다. 또 귀화를 하고 싶습니다. 제 이름이 조모아인데, 부
천 조씨의 시조입니다. 미얀마의 탑을 보문정사와 함께
짓고자 하는데, 주지스님께서 '모아'라는 이름 대신 '대웅'
이라는 이름을 쓰라고 하셔서 '한대웅'으로 개명할까 생각
중입니다. 물론 한씨 성도 보문 한씨로, 제가 시조가 되는
거죠. 한국에서의 미래를 평화의 색인 파란색으로 표현하
고 싶습니다. 유엔에서도 평화의 상징으로 파란색을 사용
합니다. 제가 생각하는 평화는 '마음의 평화'입니다. 평화
는 나누는 것이고 서로서로 돕고 보호해주는 것입니다.

၂၀၂၂. ၉. ၂၇

난민 조모아 (a) 한대웅

티베트에서 서울까지

텐진 델렉(민수) Tenzin Delek

프리드쇼프 난센이 전쟁포로들을 집에 보내기 위해 만들었던 '난센여권'이 우리에게 시사하는 바는 무엇일까요? 오늘날 다시 난센여권이 발행되어 실제로 작동한다면 어떤 것을 기대할 수 있을까요?

'난센여권'은 상상 속 이야기를 행동으로 옮긴 겁니다. 전쟁이 끝난 지 얼마 되지 않았고, 시스템도 완벽하지 않은 상황에서 그런 일이 가능했다는 데 주목해야 합니다. 오늘날에는 가능성이 더 크다는 얘기일 테니까요. 그런데 문명의 발전과는 관계없이 인권 문제는 여전히 답보 상태를 면치 못하고 있습니다. 오늘날 난민 신청이 받아들여지기까지는 복잡한 절차를 거쳐야 합니다. 특히 한국에서는 인증 Accreditation 절차가 워낙 까다로워 '난센여권' 같은 걸 상상할 수 없습니다. 어떤 국가에서든 난민이 인간으로서의 삶을 이어갈 수 있는 절차를 마련해야 합니다. 비록 난민을 받아들이는 국가는 부담스러울 수 있겠지만, 그럼에도 불구하고 해야 합니다. 많은 나라들이 난민을 받아들이고 그들의 일자리를 알선해주지만, 한국은

그렇지 않습니다. 난민으로 인정받는 절차를 마칠 때까지 당장 밥을 먹고 살아야 하는데 한국에서는 쉽지 않습니다. 밖에서 일을 하지 못하는 대신, 쉼터 같은 곳에서 각각의 난민이 갖고 있는 언어나 재능을 활용해서 서로에게 도움이 되는 방향을 찾으면 좋겠습니다.

난민에 대한 사회의 '무엇'이 세상으로의 '문'을 열게 했나요?

살아오면서 한 번도 티베트 사람이라는 사실을 부끄럽다고 생각해본 적이 없습니다. 제 부모님은 누구보다 열심히 자신의 삶을 살아온 분들이었고, 그들의 아들로 태어난 것을 늘 감사해하고 있습니다. 그런데 스무살이 되고서 각종 서류로 인해 내가 난민이라는 것을 알게되었습니다. 가령 어렸을 때 불렸던 '텐진'이란 이름이 서류에서는 다른 이름으로 기재되곤 했습니다. 티베트라는 문은 제재도 많고 굳게 닫힌 문이 되었습니다. 50년 이상 나라가 없는 채로 살아가야 했습니다. 그리고 세 아이의

"일상이 곧 투쟁이자 시위가 되는 것이지요."

아버지가 된 지금 이 사실은, 엄청난 책임감으로 다가옵니다. 아이들에게 티베트라는 나라와 아빠가 티베트 사람이라는 것을 어떻게 알려줘야 할지 책임감과 부담감이 막중합니다. 그 책임감과 부담감이 현재의 문을 열게 하는 원동력이라고 생각합니다.

과거, 현재, 미래의 문을 각각 컬러로 표현한다면 어떻게 될까요?

무지개처럼 다양한 색이 넘치는 인생을 살았다고 봅니다. 서류가 필요 없던 시절을 지나 내 이름조차 제대로 기재되지 못하던 이십대 시절은 검은색이었습니다. 깜깜하고 답답했으니까요. 내 삶을 어떻게 영위해나가야 할지 부담감에 짓눌려 있었던 시기였습니다. 아빠가 된 후부터는 책임감을 느낍니다. 티베트 혈통임을 잊지 않고 나와 내 자식을 이어주는 끈끈한 관계 속에서 다시 이어가야 한다는 책임감으로, 현재는 빨간색으로 표현할 수 있을 것 같습니다. 미래의 문은 파란색으로 고르고 싶습

니다. 푸른 하늘이 매일 매일 변하는 것처럼 예측할 수 없는 나의 미래라고 할까요. 사람들과 관계를 맺고 살아가고, 내가 얼마만큼 노력하느냐에 따라 무궁무진한 가능성이 생겨나는 비어 있는 시간. 그 시간을 저는 파란색으로 느끼곤 합니다. 궁극적으로 저는 희망을 발견하려 합니다. 티베트는 독립할 것입니다. 내 아이들은 티베트 국민으로 살아갈 것입니다. 그 희망찬 미래를 위해 지금 내게 주어진 역할에 집중할 것입니다. 나만을 위한 것이 아니라 내 아이와 다른 사람들을 위해서 말입니다.

현재 티베트에 관한 공간을 운영하고 있는데, 포탈라에 드나들며 교류하는 사람들은 어떤 사람들인가요?

포탈라의 문은 무지개입니다. 무지개의 여러 색깔처럼 포탈라에는 이주의 경험에 담긴 슬픈 이야기와 난민의 인권에 대한 강력한 메시지가 동시에 담겨 있습니다. 고국의 바람과 햇빛 그리고 아름다운 소리가 담긴 수많은

사람들의 염원과 소망이 포탈라의 문을 넘나든다고 생각합니다. 우리가 판매하는 음식, 우리 식당을 찾는 사람들의 다양한 문화, 우리가 구사하는 티베트어 그리고 많은 사람들의 진심이 담긴 지지 선언 등 모든 것이 포탈라를 형성해 갑니다. 얼마 전엔 구글지도로 식당을 찾아온 티베트인 손님들이 있었습니다. 한국 땅에서 네팔, 인도, 티베트의 냄새와 맛을 느끼며 음식을 먹을 수 있다는 것에 자긍심을 느낀다고 말하는 그들의 모습을 보며 저 역시 기뻤습니다.

포탈라의 무지개 문은 국경과 국경을 넘어 사람들을 잇는 연결의 문이라고 할 수 있겠습니다.

한국 사람들에게 티베트의 문화를 맛, 향, 소리로 접하게 하는 공간입니다. 어떤 사람은 포탈라를 한국의 티베트 박물관이라고 부르기도 합니다. 단순히 맛집으로 알려지는 것을 넘어 서울이라는 거대한 도시 한복판에서 티베트라는 나라를 제대로 보고 맛볼 수 있는 공간이 되

도록 운영할 계획입니다.

과거, 현재, 미래의 문을 열어두면서 인터뷰를 진행했는데, 만약 서울에 새롭게 세울 수 있는 문이 있다면 어떤 문을 세우고 싶으세요?

문을 열고 나가면 드넓은 자연이 한눈에 들어오는 '휴식의 문'을 세우고 싶습니다. 사실 서울에서의 삶은 여유도 없고 복잡하기만 합니다. 이곳을 살아가는 사람들 모두 복잡한 일상을 뒤로하고 어딘가로 멀리 떠나고 싶어 한다는 걸 느낍니다. 한국에서의 삶은 거대하고 치열한 경쟁의 소용돌이가 휘몰아치는 것 같습니다. 그 소용돌이에 빨려 들어가지 않기 위해 부단히 애를 쓰고 있는 것 같다고 할까요. 빠져 나오려 노력하지만 그때마다 소용돌이는 몸집을 크게 불려 사람들을 빨아들입니다. 하루라도 편안하면 뭔가 도태되는 듯 느껴지는 서울의 일상이 저 역시 버겁기만 합니다.

티베트에서 한국으로 온 과정에 대해 듣고 싶습니다.

네팔 카트만두에서 난민생활을 하다가 1997년 말, 23세에 네팔여권을 가지고 방콕을 통해 한국에 들어왔습니다. 원래 한국을 경유해서 미국으로 가려고 했는데 한국 경유 비자로 15일 동안 머물다가, 결혼을 하고 가정을 이루게 되었습니다. 2002년 불법체류자가 되고부터는 이주노동자 강제추방 반대 운동을 하다가 인연을 맺은 사람들을 통해 음향기사로 일했습니다. 2008년 티베트 유혈 사태 이후 티베트 독립을 위해 적극적으로 활동하면서 한국에서 할 수 있는 일을 찾았습니다. 단순히 메시지를 남기는 운동에서 벗어나 일상에서 지속 가능한 시위에 대해 고민했습니다. 그 결과 포탈라를 운영하며 티베트를 대표한다는 사명감과 소명의식으로 일하고 있습니다. 포탈라는 티베트를 알리고 여러 기관과 네트워킹하는 거점의 역할을 하고 있습니다. 일상이 곧 투쟁이자 시위가 되는 것이지요.

티베트에도 지원을 아끼지 않고 있다고 들었습니다.

네팔 포크라에 도서관 짓기, 학교 칠판 바꿔주기, 난민촌 어린이들을 위해 축구공, 문구류 보내기 등 기회가 될 때마다 하고 있습니다. 한국에서 이주노동자 운동을 할 때 한국 사람들에게 받은 도움을 다시 돌려주는 겁니다.

메소포타미안 서점의 문

아스마엘 메르샴 Asmael Mersham

컬러로 자신을 표현해본다면 무슨 컬러를 고르시겠어요?

생명의 근원이자 희망과 보호를 의미하는 초록색을 고르겠습니다. 다른 누군가에게 숨 쉬게 하는 공기, 뜨거운 태양을 피할 수 있는 그늘이 될 수 있길 바라는 의미에서 말입니다. 그리고 한국과 이라크를 잇는 교량 역할을 하고 싶습니다.

당신의 조국에서는 어떻게 지냈었나요?

대학 시절부터 자유와 인간 존엄에 대한 꿈을 갈망해왔습니다. 생명의 근원인 물 그리고 하늘 저편에 있을 것 같은 자유와 희망을 꿈꿔왔는데 지금 한국에서 그 꿈이 하나씩 이루어지고 있습니다. 그렇게 만난 것이 초록색입니다. 나무가 땅속 깊이 뿌리를 내리고 있으면서 동시에 나뭇가지는 하늘과 맞닿아 있듯이, 파란색 꿈은 초록색으로 바뀐 것입니다.

한국에서의 삶은 어떤가요?

어려움은 있지만 불가능은 없다고 생각합니다. 어떤 장애물도 도전하면 이겨낼 수 있습니다. 미래에 대해서 확신할 수는 없지만 언젠가는 소망하는 일이나 현재 매진하고 있는 일을 해낼 수 있다고 생각합니다. 한국 생활은 힘들어도 그래도 배우는 것이 많이 있습니다. 어려움은 있지만 불가능은 없다고 생각합니다. 장애를 넘어서면 더 단단해지고 더 큰 희망을 꿈꿀 수 있고 더 큰 성취감을 맛볼 수 있기 때문입니다. 그런 저의 현재를 핑크색으로 나타낼 수 있을 것 같습니다.

지금 박사 과정에 있지만 공부하는 것도 사실 힘듭니다. 하지만 제 안에서 할 수 있다는 마음의 소리를 듣고 힘을 냅니다. 여권을 만들고 유럽을 갈 기회가 있었는데 전에는 그곳에 살고 있는 친구들이 축복받았다 생각했지만 최근에 다시 그들을 만나면서 '내가 축복받았구나'라는 생각을 해요. 도전하고 넘어서야 하는 치열함과 간절함이 없기 때문에 그들의 생활은 별로 달라진 것이 없고, 복지가 잘 되어 있다 보니 정부에서 지원해주는 혜택을 받으

"일반 대중들이 중동지방에 대해 배울 수 있고
중동 문제에 관련된 현안들을 읽고 토론할 수 있는
공간을 만드는 꿈을 꾸고 있습니다."

며 안주하는 삶을 살고 있다는 생각이 들었습니다. 저는 항상 도전해왔고 또 이루어왔기 때문에 그들에 비해 훨씬 더 성장하고 많은 것을 배우고 얻었다고 할 수 있습니다. 어려움은 그만큼 사람을 성장시키기 때문에 어려움 속에서 희망을 가질 수 있었습니다.

미래는 어떤 컬러로 그려볼 수 있을까요?

보라색입니다. 이 보라색은 메소포타미아인들이 모일 수 있는 장소를 상상합니다. 이태원에 카페를 겸한 서점을 만들고 싶습니다. 일반 대중들이 중동지방에 대해 배울 수 있고 중동 문제에 관련된 현안을 읽고 토론할 수 있는 공간을 만드는 꿈을 꾸고 있습니다.

* 인터뷰가 끝나고 메르삼이 컬러 인터뷰에 대한 인상을 보내 왔다.

컬러는 자연과 인간의 삶 표현할 수 있는 상징성을 가지고 있다고 주저없이 말할 수 있습니다. 특별히 초록색의 나뭇잎은 성장과 생명력의 의미를 갖습니다. 우리가 태양을 피하도록 그늘을 제공해주고 나무 주변의 온도를 낮춰주며, 주변을 회복시키고 생명체에 산소를 제공합니다. 날씨가 건조해지는 시기가 되면 노랗게 물들어가며 가을이 되었다는 신호를 보내면서 거리를 낙엽으로 덮습니다. 초록의 나뭇잎은 물들어 이내 풍경 속의 골칫거리가 되었다가 먼지가 되어 인간과 자연에 해를 끼치기도 합니다. 이것이 바로 불가피한 자연과 역학의 법칙입니다. 인간은 우리의 삶을 지키기 위하여 자연의 '초록'을 다스릴 능력이 있고 우리가 우리를 위하는 것만큼 우리의 생각과 미소, 우리의 말 그리고 집 안팎에서의 일상생활을 통해 우리에게 밀접한 것의 이득을 위해 관대하고 사랑할 수 있는 존재일까요? 인간은 종교, 피부색, 인종, 언어 등의 다양성을 가지고 엄격하고 무한한 아름다운 자연의 탁월함에 함께합니다. 이렇듯 앞으로도 자유와 평화의 시간과 공간에서 살아가고자 합니다.

Blue Dream

اللون الازرق تعني لي الحرية والحلم والانطلاق

عندما كنت طالباً في جامعته كنت أحلم بحياة ملؤها

الحرية والسلام والكرامه الإنسانيه

وبعدما استقريت في "بلدي" كوريا أحببت أعشق اللون الاحمر

لد نها المشجرة منغرس جذورها في أرض الواقع واغصانها

تتراقص في حرية السماء .

ملتقى ميسوبوتوميا لتكون مكتبة وملتقى ومقهى

حيث يجتمع فيها الأدباء والرواد لقراءة الكتب

وتبادل الاراء حول قضايا الشرق الاوسط .

الاحمر يعبر عن الحياة والامل والعطاء

SWEET, BLISSFUL PINK.

Pink, an expression of peace,
serenity and bliss.
After having my sweet girl Elizabeth,
life has greatly changed.

Whether in Korea, or else where, I strongly believe
my future will be full of joy, peace and happiness.
I patiently await this sweetness to come and wash
away all the fears and pain that have bothered me
all my life. AMEN!
MARIAH ASSUMPTA MUKIIBI.
Amukiibi 2013 · 10 · 20.

마리아 아숨타 Mariah Assumpta

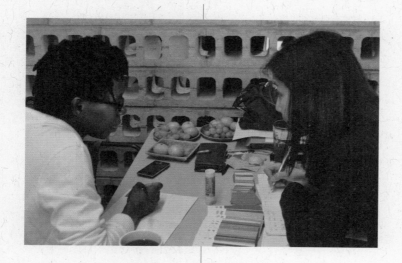

자신의 이름을 컬러로 표현해주세요.

사랑과 치유의 흰색으로 제 이름 마리아 아슘타를 표현하고 싶습니다. 저에게는 태어난 지 1개월하고 9일 된 사랑하는 딸 엘리자베스가 있습니다. 진정한 축복이죠. 정직, 순수, 개방, 청결, 용서하는 것을 소중하게 생각하는데 이런 것들과 일치하는 흰색을 선택해서 사랑과 치유의 흰색이라 이름 짓고 싶습니다. 이 생각은 출산 이후부터 줄곧 해왔습니다. 엄마가 된다는 사실과 다른 많은 것들을 받아들이고 노력하는 시간이었습니다. 나의 기도에 대한 응답이자 동시에 행복한 삶을 다시 시작할 수 있는 기회라고 믿습니다. 사랑과 치유의 흰색은 나에게 더 나은 인생과 평화, 기쁨 그리고 행복을 줄 것입니다. 마음을 열게 하고 사랑을 느끼게 하고 표현할 수 있는 기회를 준 테이크아웃드로잉 관계자들을 만나게 되어서 행복합니다. 컬러 트립을 하는 시간도 즐거운 일들이 가득하길 바랍니다. 신의 축복이 함께하길……

모국에서는 어떻게 지냈었나요?

우간다에서의 삶은 편안했던 적이 없습니다. 12세 때 엄마를 잃고 많은 어려움을 겪으며 자랐습니다. 가난했던 아버지는 내가 학교에 다니는 것을 반대해서 학교도 그만두었습니다. 일자리를 구하는 것도 어려웠습니다. 정부는 부패했고 소외계층을 배려하지 않았습니다. 우간다에서 나의 권리를 주장하다가 범죄자로 쫓기게 되었고 한국에 오게 되었습니다. 가톨릭신자로서, 슬픔을 상징하는 보라색으로 조국을 상징하고자 합니다.

한국으로 오게 된 여정에 대해 듣고 싶습니다.

고향의 중앙침례교회의 신부님께서 한국으로 올 수 있게 도와주셨습니다. 인터넷으로 대한민국이 난민 지원을 해준다는 정보를 얻었고, 집에서 여권을 찾아 비자를 받도록 도와주시고 한국행 비행기 티켓을 지원해주셨습니다. 비행은 끔찍했습니다. 첫번째 비행이었던지라 멀

"아침에 일어나면 새로운 기대와 갈망하는 것들을 생각하지만

당장 내 인생 앞에 어떤 일이 일어날지 알지 못합니다."

미도 했습니다. 희망의 초록색이라고 이름 지은 까닭은 한국에서의 보낼 앞으로의 날들에 대한 기대 때문입니다. 한국에서 더 나은 삶을 살 수 있을 것이라는 커다란 희망을 가지고 이곳에 왔듯이 말입니다.

한국에서의 삶은 어떤가요?

한국에서의 삶은 불투명한 것들로 가득합니다. 아침에 일어나면 새로운 기대와 갈망하는 것들을 생각하지만 당장 내 인생 앞에 어떤 일이 일어날지 알지 못합니다. 그러다 보니 뚜렷하지 않은 미래와 희망이 모호함으로 남습니다. 하늘을 올려다볼 때 태양, 달, 별들만 보일 뿐 어떤 변화가 있을지 알지 못하는 상태와 같은 거죠. 그렇지만 아직은 힘이 있고, 언젠간 한국에서의 나의 삶에도 화창한 날이 찾아올 것이고, 비전을 찾게 될 것이라고 희망하고 있습니다.

미래는 어떤 컬러로 이야기할 수 있을까요?

핑크색은 평화의 색이자 화창하고 더없이 행복함을 상징하는 달콤하고 행복을 주는 색입니다. 사랑스런 딸 엘리자베스가 태어나고 나서 엄청난 변화가 있었습니다. 한국에서건 또다른 어디에서건 미래는 기쁨과 평화 그리고 행복으로 충만할 것이라고 굳게 믿습니다. 그동안 흘렸던 눈물과 고통을 깨끗이 지워줄 그 달콤함을 기다리며 인내하고 있습니다.

My name is Mariah Assumpta, I got a love...
...zabeth. Today she is 1 month and 9 days old...
...ing. I love honesty, purity, openness, clean ...
I choose white colour today as I believe it ...
above values. I name it LOVING HEALING W...
...ave been going through alot since I conceived...
...r delivery. It has been a very trying time...
...my family; adopting to motherhood and mu...
Today I believe God has answered my pray...
...to give me a brand new opportunity, to sta...
and have a happy life.

Loving Healing White is going to help m...
life better, have peace, joy and happiness.
I am so happy I met loving people of ...
...our DRAWING who are giving me a ch...
...s myself, open up and feel free and lo...
I hope to have a wonderful time with ...
also enjoy my colour camp while taking ...

God bless you all.

MARIAH ASSUMPTA MUKIIBI

Amukiibi.   2013 - 10 - 20

아직 남겨진 작은 혁명의 문

라티프 Abdellateif I. A. Musa

이름을 컬러로 표현해주세요.

초록색과 파란색으로 표현할 수 있을 것 같습니다. 이슬람의 문화에서는 아내를 4명까지 둘 수 있는데, 나의 아버지는 3명의 아내와 18의 자녀를 두고 있습니다. 저는 10남 8녀 중 18번째 자식입니다. 도시에서 조금 떨어진 곳에 위치한, 수단 서쪽에 있는 다르푸르Darfur 지역에서 살았습니다. 대부분의 사람들은 농사를 짓거나 목수, 교사, 의사 또는 상업에 종사하고 있습니다. 가족들은 이슬람 전통문화와 아랍문화를 따랐고 거기에다 다르푸르의 문화를 따랐습니다. 우리 가족은 선조 때 약 200년 전에 튀니지로부터 온 이주민입니다. 아랍인이 다르푸르인 아내와 결혼하면서 이곳에서의 삶이 시작된 것입니다. 초록색은 농업지역인 다르푸르의 색입니다. 파란색은 삶을 뜻합니다. 파란색은 물의 색이며 물은 생명의 근원입니다. 또한 하늘의 색이기도 합니다. 종교적 관점에서 본다면 천국의 소망을 가지고 살기 때문에 저의 인생은 파란색으로 표현할 수 있습니다.

조국에서는 어떻게 지냈었나요?

제가 태어난 북수단 다르푸르의 한 마을은 이슬람문화와 아프리카 토착문화가 섞여 기본 토대를 이루고 있습니다. 이슬람문화는 사회 전반에 걸쳐서 지켜야 하는 약속Rule, 규율과 같은 것으로 구성됩니다. 아버지, 할아버지 세대가 해온 것처럼 대를 이어 이슬람 전통과 생활방식을 물려받고 따라야만 합니다. 이슬람문화는 종교적인 이유로 변화를 허용하지 않습니다. 만약 개종을 한다면 그 순간부터 그 사람은 이상한 사람, 배신자로 낙인찍히게 됩니다. 검정 아니면 흰색으로 나누는 이분법적인 사고들을 가지고 있습니다. 한마디로 자유도 없고 다양성도 없습니다. 이런 상황 속에서 정부가 또는 선조들이 의심 없이 받아들인 삶의 방식을 따르지 않기로 결심했습니다. 그들과 다르게 살고 싶었습니다. 그런 나를 보는 사람들의 시선이 곱지 않았습니다. 늘 불안감에 휩싸인 채로 하루하루를 견뎌왔습니다. 이슬람 전통을 따르고 타협하는 것은 편하게 살 수 있는 쉬운 선택이지만, 내 가슴 속 영혼은 타협하지 않고 계속 싸웠습니다.

고향에는 비슷한 생각을 하는 사람들이 많았습니다. 리자이랍이라는 마을은 굉장히 폐쇄적인 곳입니다. 스스로를 보호하기 위해서는 자신의 본심을 숨겨야만 합니다. 그곳에서는 무슬림을 믿는 한 '강도, 살인과 간통'은 범죄가 아닙니다. 그러나 종교를 바꾸는 것은 곧 법을 어기는 것으로 간주됩니다. 이런 상황에서 벗어나고 싶었고, 폐쇄된 공간과 그 안에서 작은 혁명을 상징하는 검은색과 파란색을 선택했습니다.

한국으로 오게 된 여정에 대해 듣고 싶습니다.

2011년 이전, 수단은 아프리카에서 가장 큰 국가였지만, 전쟁 후 남수단과 북수단으로 나뉘게 되었습니다. 정부의 고위관료들과 지도자 그룹은 정책과 이슬람 통치방식을 이용하여 사람들에게 전통적인 삶의 방식을 강요했습니다. 저는 이런 불합리한 이슬람 전통과 독재정치에 대해서 발언하고자 했고, 그 과정에서 많은 어려움을 겪었습니다. 가장 큰 국가였던 수단은 심리적으로는

점점 작은 공간이 되었습니다. 그래서 그곳으로부터 탈출을 결심했습니다.

2008년까지는 저 역시 무슬림의 영향권 안에 있었습니다. 내가 자발적으로 믿는 것은 아니지만 가족과 선조들에 의해 무슬림의 전통을 이어가야 했기 때문입니다. 이후 기독교로 개종을 했는데 이는 일부 측만 아는 비밀이 되었습니다. 그럼에도 모두가 서로의 감시자이기 때문에 개종에 대한 비밀은 오래가지 못했고 정부기관의 감시망에서도 자유롭지 못했습니다. 2011년에는 정부의 안보군에 의해 구금을 당했고 다시는 개종하지 않겠다는 서약서Agreement를 작성한 후에야 풀려날 수 있었습니다. 수단에는 적지 않은 기독교인이 있지만, 정부는 늘 그들을 감시합니다. 이민국Immigrant의 한 감독관의 도움을 받아 수단을 탈출할 수 있었습니다. 한국에 오게 된 큰 이유는 안전한 생활과 신변보호를 받고 싶어서입니다. 수단의 상황이 조금이라도 나아지길 바라면서 변화를 만들 수 있도록 준비하는 것이 저의 역할이자 임무입니다. 국가가 바뀌지 않고, 움직이지 않는다면 국민들이 먼저 바로잡을 수 있도록 일어서야 합니다.

한국에서의 삶은 어떤가요?

한국과 수단의 삶은 실로 많은 차이가 있습니다. 수단에서는 대중교통 수단으로 말, 낙타, 당나귀를 이용합니다. 서울에서는 대중교통 수단을 이용하는 데 어려움이 많습니다. 수단에도 카르툼에는 버스나 택시도 있지만 고향에서는 동물들을 주로 이용합니다. 지역에서 다른 지역을 잇는 오래된 기차가 있기는 합니다. 한국에서 마주하는 어려움 중에는 언어의 문제도 있습니다. 한국에서의 삶에서 좋은 점은 어려운 점과 교차되기도 합니다. 도전의식과도 같은 일들은 나를 더욱 강하게 만듭니다. 인생에 어려움이 없다면 발전 역시 없을 것입니다. 어려운 문제, 어려운 환경 속에서는 언제나 배우는 것이 있기 때문입니다. 모든 사람에게는 시련이 있게 마련입니다. 두려움 없이 받아들이고 이겨낸다면 더 좋은 인생이 펼쳐질 것입니다.

한국 사람은 평화적입니다. 다른 사람을 위해서 자기의 시간을 쓴다는 것은 굉장히 값진 일입니다. 자신의 시간을 나에게 나누어준 사람들에게 감사하고 있습니다. 난민인권센터의 고은지 활동가는 내 앞의 많은 문제들을 해결하기 위해 시간과 노력을 아끼지 않았습니다.

인천에서 서울로 오기까지 너무 힘든 여정이었습니다. 출입국관리소에서 유엔난민기구로 가야 했는데 그 경로에 대한 정보가 전혀 없었고 아무도 알려주지 않았습니다. 걸어갈까도 생각했는데 얼마나 걸릴지도 모르고 돈이 없었기 때문에 택시를 탈 수도 없었습니다. 게다가 함께 온 사촌 이브라힘은 라마단 기간이어서 금식중이었습니다. 5일간 출입국관리소에 억류되어 있다가 나왔는데 다시 돌아가는 편이 나을 거란 이야기도 나왔습니다. 이민국에서는 받아주지 않았고 그냥 가라고 했지만 우리는 돈이 없으니 여기서 머물겠다고 실랑이를 벌이기도 했습니다. 그런데 직원 한 분이 5만 원을 줘서 택시를 타고 유엔난민기구로 갈 수 있었습니다. 밤 10시쯤에 도착했는데 비도 오고 문은 닫혀 있고…… 서글펐지만 이브라힘과 "우리는 집이 없는 난민이다"라는 이야기를 했습니다. 남은 돈으로 저녁을 사먹고 유엔난민기구 문 앞에서 밤을 지새웠습니다. 아침 7시 반에 문을 열었지만 들어갈 수 없어서 9시 반이 되어서야 들어갈 수 있었습니다. 그때 다시 바라본 주변의 풍경은 낯설었습니다. 나무들은 인공

"미래에 대한 질문은 남겨두고 싶습니다.

명확한 방향과 표현방법이 생각나지 않기도 하지만,

여전히 희망 그리고 가능성이 있기 때문입니다."

나무 같았고 모든 것이 현실과 멀리 있다는 생각이 들었습니다. 그 이후에 '피난처'로 안내되었지만 그 당시 피난처 쉼터에는 많은 사람들이 머물고 있었습니다. 이브라힘은 수단에서 받은 고문 후유증으로 바닥에서 잘 수가 없었기 때문에 난민인권센터로 가게 되었습니다. 그렇게 만나게 된 활동가 고은지씨가 지금의 쉼터를 소개해주었습니다.

공항에는 난민들이 어디로 가야 하는지에 대한 정보가 전혀 제공되지 않아서 공항에서부터 난민 쉼터로 가는 여정이 가장 힘들었던 것 같습니다. 공항 출입국 심사대는 '난민'이 무엇인지도 모르고 있었으니까요. 그렇지만 그때의 어려움은 우리에게 또다른 힘이 된 것은 분명합니다. 우리에게 또 시련이 닥쳐오겠지요. 오늘보다는 조금 더 나아질거란 희망을 핑크색과 파란색으로 한국에서의 삶을 대신 이야기하려 합니다.

미래는 어떤 컬러로 상상해볼 수 있을까요?

파란색과 핑크색인데 미래에 대한 질문은 남겨두고 싶습니다. 명확한 방향과 표현방법이 생각나지 않기도 하지만, 여전히 희망 그리고 가능성이 있기 때문입니다. 제 '역할'과 '임무'에 대해서 고민하고 집중하고 있습니다. 언젠가는 수단으로 돌아가 아주 작은 변화라도 내가 무언가를 할 수 있기를 바랍니다. 이런 믿음이 새로운 나라, 국가를 만드는 시작이라는 희망을 가지며.

قررتُ المجيئ إلى كوريا، بعد أن ضاقتْ بي بلادي الشاسعة بسبب سياسات
النظام الإسلامي الذي يحكم هناك، اعتبر أن الرب هو من أشار إلى هذه البلاد و
ساعدني بطريقة أقرب إلى الهجرة حتى وصلتُ هنا · لقد كانت حياتي
في خطر، كنت سأواجه حكمَ بالإعدام إذا بقينتُ هناك بسبب اعتقادي لديني
فنظام الحكم هناك يجرّم ذلك، ويعاقب عليه ·

لقد ساعدني أحد نشاط الهجرة هناك في الهروب من السودان، بعد أن دفعتُ
له مبلغ هائل من المال ·

لقد جئتُ إلى هنا أنشد الحرية والحياة، وحتى أتمكن من عمل شئ ما يمكن
أن يساعد في عملية التغيير في بلادي، فليس نظام الحكم و حده يحتاج
إلى تغيير بل حتى المجتمع ذاته يحتاج إلى ذلك ·

lateef
2013·10·31

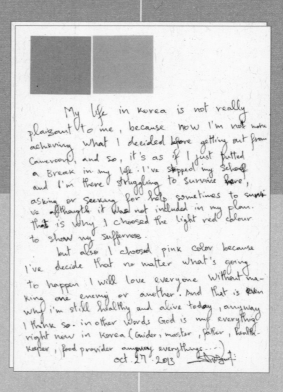

My life in korea is not really plaisant to me, because now I'm not now achieving what I decided before getting out from Cameroun, and so, it's as if I just putted a Break in my life. I've stopped my school and I'm there struggling to survive here, asking or seeking for help sometimes to survive although it was not included in my plan. that is why I choosed the light red colour to show my sufferness.

but also I choosed pink color because I've decide that no matter what's going to happen I will love everyone without making one enemy or another. And that is even why i'm still healthy and alive today, anyway I think so. in other words God is my everything right now in korea (Guider, master, father, health-keeper, food provider anyway everything...)

Oct. 27. 2013

컬러로 자신의 이름을 표현해주세요.

갈색, 초록색, 빨간색, 노란색을 고르겠습니다. 제 이름은 크리스천 디올 니그와넷입니다. 카메룬 서부에서 왔고 카메룬에서는 학생이었습니다. 미래를 위한 경력을 쌓고 꿈을 이루기 위해서 한국에 오게 되었습니다. 저는 배우고 공부하고 사물과 현상에 대해 분석하기를 좋아합니다. 아마도 교육자이신 할아버지와 부모님께 물려받은 것 같습니다. 또 카메룬의 정치, 경제 등 아프리카 개발에 관련된 사안들에 대해 토론하기를 좋아합니다. 컴퓨터, 영화를 좋아하고 음악 감상, 축구경기 관람을 좋아합니다. 도움이 필요한 사람들에게 제가 할 수 있는 만큼 도와주는 것 역시 좋아합니다. 배구나 축구 등 운동도 좋아하고 친구들과 이야기하고 어린 친구들에게 조언을 해주거나 사람들의 논쟁을 들어주는 것도 좋아합니다. 네 가지의 컬러를 선택한 이유는 스스로의 정체성을 찾기 위해서입니다. 저는 아프리카에서 온 갈색 피부의 남자이고, 조국의 국기는 초록색, 빨간색, 노란색으로 구성되어 있습니다. 흰색은 모든 이가 알고 있듯이 순수의 상징이고 그

것을 위해 갈망하고 싸우는 모든 사람들, 특별히 저를 포함한 기독교인들을 상징하는 색입니다.

조국에서 어떻게 지냈었는지 컬러로 표현한다면요?

빨간색과 검은색입니다. 카메룬에 있을 때 다른 젊은이들과 마찬가지로, 극소수의 사람에게는 굉장히 쉬울 수도 있지만 일반 소시민들은 성공하기 어려운 조건과 상황에 대해 갈등하고 있었습니다. 종교적 제국주의, 부패, 부정선거, 인권, 경제, 정치, 문화 등 다양한 범위의 불안정한 문제들이 비정상적으로 일어나고 있습니다. 빨간색과 검은색은 피, 고통, 불행 또는 비극의 상징입니다.

한국으로 오게 된 여정에 대해 듣고 싶습니다.

한국에 오게 된 데에는 두 가지 목적이 있습니다.

"혼자 독학하고 직접 경험하면서 얻은 바를 이야기하자면,
어떤 결정에 앞서 사람들 앞에 당당히 서는 인간관계가 가장 중요하다고 말하고 싶습니다.
사람들이 육체적, 정신적, 감정적 고통을 받는 것을 보기를 원치 않습니다."

첫번째는 신변의 안전을 위해서입니다. 대통령 선거 이후 정치적 개입으로 인해 목숨을 잃을 뻔한 일이 있었습니다. 지금까지 살아 있다는 게 그저 감사할 뿐입니다. 두번째는 짧은 기간 동안 놀라운 성장을 하고 기회가 많은 나라로 알려진 한국에서 계속해서 공부하고 싶었기 때문입니다. 케냐항공으로 카메룬에서 케냐까지 갔고, 다시 케냐에서 방콕으로 이동한 후에는 대한항공을 이용해 방콕에서 한국에 들어왔습니다.

한국에서의 삶을 컬러로 표현할 수 있나요?

빨간색과 핑크색일 것입니다. 한국에서의 삶이 기쁘기만 한 것은 아닙니다. 왜냐하면 처음에 카메룬을 떠났을 때 계획했던 대로 되지 않고 있기 때문입니다. 지금은 인생에서의 휴식기간을 취하고 있다고 생각합니다. 그래서 학교를 쉬고 생존을 위해 일자리를 구하고 있습니다. 한국에서 살아가기 위해 도움의 길을 찾고 있습니다. 원래의 계획에는 없던 일인데 말이죠. 빨간색은 현재의

어려움을 보여주는 색입니다. 핑크색은 어떤 일이 닥치더라도 다른 사람을 미워하거나 적을 만들지 않고 모두를 사랑하는 것을 상징합니다. 제가 건강하게 살아 있는 한 하나님이 한국에서의 모든 일들을 지켜주실 것입니다.

미래는 어떤 컬러로 그려볼 수 있을까요?

빛나는 것으로 표현하고 싶습니다. 내일 일은 알 수 없습니다. 하지만 하고 싶은 일들은 아주 많습니다. 혼자 독학하고 직접 경험하면서 얻은 바를 이야기하자면, 어떤 결정에 앞서 사람들 앞에 당당히 서는 인간관계가 가장 중요하다고 말하고 싶습니다. 사람들이 육체적, 정신적, 감정적 고통을 받는 것을 보기를 원치 않습니다. 그래서 더 많이 공부할 것이고 하나님이 내가 어디에 있는지 인도하실 것을 확신합니다. 함께 공감하는 많은 사람들을 만나기를 원하고 하나님도 그러길 원한다고 생각합니다.

When I was in my country, I was struggling also like many others youths. things was so difficults to achieves to the large part of population, but was very easy to others at the same time. this anomalie is due to many abnormals things that are happening there, like some type of ritual imperialism, corruption, unfair elections, insecurity & on several domains (humans, business, economics, politics, culture ---)

But the also there were many good things happening. We know everyone can't be bad. In many domains of course but I am focalising myself on the bad ones because they are so many untill we don't know if the good ones exists.

This is why I'm choosing red and Black Colours because they symbolise blood flowing, sufferness and unhappy situations or pathetique situations. anyway it is according to those universal significations.

oct 27. 2013

변화를 만드는 문

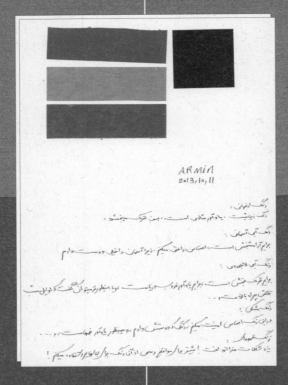

알민 Hossein Javaherynia

자신을 컬러로 표현해주세요.

진홍색, 행복해지고 열심히 하게 하는 색. 하늘색, 마음이 편안해지는 색. 파란색, 오후 바다의 색. 밤이 시작되는 하늘색. 검정색, 나를 편안하게 하고 나에게 어울리는 색. 초콜릿색, 중요한 사람을 만날 때 입는 양복의 색.

모국에서는 어떻게 지냈었나요?

일찍이 부모님께서 헤어지셔서 어렸을 때부터 새엄마와 살았습니다. 아버지는 의류회사를 하셨는데 집에 잘 안 계셨고 항상 회사에 나가 계셨습니다. 기억하고 싶지 않을 정도로 힘든 시간이었습니다. 아버지의 도움을 받지 않고 자립하고 싶어서 학교가 끝나면 신문도 팔고 아이스크림도 팔아서 형, 동생과 함께 용돈으로 썼습니다. 15세에 아버지는 어머니와 다시 재결합하셨지만 아버지 도움은 받기 싫었습니다. 이란에서의 기억은 별로 좋은 게 없습니다. 기억하고 싶지 않습니다. 이제 아버지와

는 연락도 하지 않습니다. 이젠 아무 사이도 아닙니다.

한국으로 오게 된 여정에 대해 듣고 싶습니다.

한국이란 나라를 생각한 적은 없었습니다. 이란 사람들 대부분은 일본으로 일하러 많이 갔는데 언젠가부터 일본 비자를 받기 어려워져서 가까운 나라인 한국으로 오게 되었습니다. 저 역시 일본으로 갈 수 있을 거라 생각했는데 비자를 받을 수 없어서 한국으로 온 것입니다. 형은 아버지의 봉제공장에서 기술자였기 때문에 저보다 먼저 한국에 기술자로 오게 되었습니다. 이란에서 문제가 생겨서 형의 도움으로 한국에 오게 되었는데 형이 영국에 있었다면 영국으로 갔을 겁니다. 한국이란 나라를 몰랐고 난민이란 말도 몰랐고, 「난민법」에 대한 것도 몰랐습니다. 1997년에 한국에 들어올 때 비자를 받기 힘들었는데, 비밀경찰들에게 쫓기고 있었기 때문입니다. 다행히 컴퓨터 시스템이 없어서 걸리지 않고 한국에 들어오게 되었습니다. 처음엔 형과 함께 지내다가 IMF 경제 위기 이후 형은

다시 이란으로 돌아갔습니다. 한국에 도착해서 처음으로 일한 곳은 안양에 있는 냄비공장이었습니다.

한국에서의 삶은 어떤가요?

난민 인정을 받고 나서도 힘들지만 우선 난민 신청을 하고 6개월 동안 일을 할 수 없습니다. 그러면 난민들은 어떻게 살겠습니까? 그렇다고 해서 그 기간 동안 일을 하면 불법으로 취업했다고 추방당하게 됩니다. 난민 인정도 받아야 하지만 기본적으로 생존해야 하는데 말입니다. 그렇지만 많은 사람들의 도움으로 크고 작은 어려움들을 이겨낼 수 있었습니다.

이란에서는 다른 나라에 가서 난민 신청을 하면 이란을 배신하는 사람이 됩니다. 1989년에 이와 관련해서 법이 제정되었습니다. 저는 특히 국제이란난민연합IFIR, International Federation of Iranian Refugee 대표를 맡고 있는데 이란 대사관에서도 이 단체를 알고 있습니다. 때문에 이란으로 돌아가면 신분이 위험해지는 것은 당연한 일입니다. 이란 대사관에서 반정부 시위하는 영상이 있으니 그것을 찾아서 관련 증거물로 채택해 달라고 했는데 출입국관리소에서는 못 찾았다는 말만 했습니다. 그런 것들이 다 증거가 될 수 있는데 그런 것들을 채택해주지 않았습니다. 모국에 있는 엄마와 통화하면서도 이란 비밀경찰이 세 번이나 집으로 찾아왔었다는 이야기를 들었습니다. 게다가 종교도 바꾼 터라 그것만으로도 난민 인정의 이유가 될 수 있는데, 제가 종교적 이유를 이용했다고 생각하는 것 같았습니다. 아무래도 한국과 이란과의 경제적 관계 때문에 그런 것 같습니다. 지금 세계에서 어떤 나라도 이란으로 달러를 보내지 못합니다. 이란에서 기름을 사는 일도 아마 못할 겁니다. 이란이 핵 보유국이기 때문입니다. 한국과 이란은 경제적 관계, 즉 한국은 이란에서 기름을 사고, 이란은 한국에서 물을 사가지만 달러가 오고 가는 것은 아닙니다. 이런 국가 간의 관계와 상관없이 난민 신청자에게 신변에 위험이 있으면 난민으로 인정해줘야 합니다. 난민 지원이 잘된다고 생각해서 이란 사람들이 저에게 한국으로 오고 싶다고 연락을 하는데 저는 오지 말라고, 나도 아직 못 받았으니 다른 나라로 가라고 말합니다. 이러한 상황에서 한국에서 만난, 난민들을 위해서 더 좋은 일도 포기하고 도와주는 김성인 사무국장, 김종철 변호사, 정신영 변호사, 이일 변호사, 고은지 활동가에게 감사합니다.

현재 화성보호소에 계시다가 잠시 치료차 나오게 되셨다고 들었는데 화성보호소는 어떤 곳인가요?

화성보호소에는 불법 중국어선 어민들도 있는데 그들은 굉장히 위험하고 난폭한 사람들입니다. 외국인 노동자들의 보호소에서 범죄자들을 같이 생활하게 한다는 것이 이해가 되지 않습니다. 외국인보호소가 출국을 앞둔 외국인들을 보호하는 곳이 아니라 외국인 범죄자 감옥이 된 것이 아닌가 생각합니다. 15명 정도의 난민들이 보호소에 머물고 있습니다. 창문도 없는 작은 방에서 18명이 한 방을 쓰고 감시하는 사람들이 보이는 곳에서 지내게 됩니다. 3개월간 병원 치료를 목적으로 운 좋게 나와 있는 거라 다시 들어가야 하고, 재판이 끝나면 어떻게 될지

모르겠습니다.

한국에 오게 된 직접적인 동기는 무엇이었습니까?

1986년에 비밀단체에서 반정부운동을 했고, 1994년에 데모를 하다가 쫓기게 되면서 한국에 들어오게 되었습니다.

그 단체에서 일하는 것이 왜 중요했는지 여쭤보고 싶습니다.

테헤란에서 조직된 그룹인데 밤에 사람 없을 때 오토바이를 타고 다니면서 벽에 반정부 메시지를 페인트로 쓰고 도망가거나, 전단지를 만들어 뿌리는 활동을 했습니다. 사람들한테 알려야 한다는 책임의식 같은 게 있었습니다. 요즘은 인터넷, 스마트폰이 있으니까 어떤 일이 일어나도 다 알게 되지만 그 당시는 데모하다 죽더라도 아

무도 몰랐습니다.

공부도 많이 했고 의사가 되려는 꿈도 있었는데 위험을 무릅쓰고서라도 반정부운동을 해야만 했던 이유를 찾는다면 무엇인가요?

정부의 거짓말을 알리는 것이 몹시 중요했기 때문입니다. 사촌이 먼저 그 그룹에 참여하고 있었습니다. 저는 책을 보고 공부를 많이 하게 되면서 잘못된 것은 바로잡아야 한다는 생각이 들어 가담하게 되었습니다. 변화를 만들기 위해서 누구든 잘못된 상황을 바로잡아 알려야 합니다.

이란의 가장 큰 문제가 무엇이라고 보시나요?

자유도 없고 정치운동가가 잡혀가는 일도 빈번하게 있었습니다. 이란과 이라크 전쟁 때 사담 후세인이 나

가겠다고 전쟁을 끝내자고 했는데 루홀라 호메이니가 "끝까지 가야 한다, 이라크는 우리 영토다"라고 하면서 전쟁을 계속했습니다. 어린 학생들부터 청년들이 계속 전쟁에 참가해야 했고 사상자가 계속 생겨났습니다. 국민을 선동하기 위해서 젊은 사람들을 계속 희생시킨 것입니다. 총쏘는 법을 배우지도 못한 젊은이들을 전쟁터에 내보냈고 저도 그렇게 전쟁에 참가했습니다. 함께 있던 사람들이 죽는 것을 보면서 여러 가지 생각을 하게 되었습니다. 그때 그 단체를 알게 되었고, 반정부운동을 시작하게 되었습니다. 호메이니는 전쟁이 끝나고 3년이 지난 1989년도에는 전쟁으로 3년간 잡혀 있던 3만 명을 재판도 하지 않고 집단 처형했습니다. 그런 사실들을 알려주기 위해 단체에 가입해서 활동했습니다. 1994년엔 데모하다가 잡혀간 적도 두 번이나 있습니다. 체포되어서 3개월간 고문도 받았고, 그때 코를 다쳐서 아직까지 한쪽으로는 숨을 쉴 수 없습니다. 그렇지만, 젊은 사람들이 그런 일을 하지 않으면 누가 할 수 있겠습니까?

"정부의 거짓말을 알리는 것이 몹시 중요했기 때문입니다.
잘못된 것은 바로잡아야 한다는 생각이 들어 가담하게 되었습니다.
변화를 만들기 위해서 누구든 잘못된 상황을 바로잡아 알려야 합니다."

그때 상황을 컬러로 표현한다면 어떤 색을 고르시겠어요?

빨간색입니다.

난민 신청과 동시에 구금되었다고 들었습니다. 어떤 상황이었는지요?

이만큼 한국에 오래 살면서 한국 사람들이 나쁘다는 생각은 들지 않습니다. 하지만 난민 인정 과정이 이렇게 어렵다는 건 이해하기 어려운 일입니다. '이란에 문제가 있어서 돌아갈 수 없다'라고 말해도 듣지 않습니다. 법무부 사람들은 아무래도 나라를 생각해야 하니까 그렇겠지요? 그렇다고 해도 마음이 좋지만은 않습니다.

법무부 사람들이 왜 알민 씨를 싫어한다고 생각하세요?

이란어로 "이란으로 돌아가면 신변이 위험하다"라고 난민 신청 서류에 썼는데, 인정할 수 없다는 답을 들었습니다. 지금 재판에서 그 서류를 증거를 쓰려고 하는데 그렇게 되면 출입국관리소의 잘못이 드러나게 되니까 강제출국을 시키려 하고 있습니다. 유엔난민기구에 직접 연결해주기도 했지만 5일 안에 나가라고만 합니다. 5일이라는 시간은 방법을 찾기에 턱없이 부족한 시간입니다. 시간이 더 주어진다면 월세방 보증금을 빼서 말레이시아로 가려고 했습니다. 그런데 그것마저도 허락되지 않는 시간입니다. 월급도 아직 8백만 원이나 못 받아서 출입국관리소에서 사장님과 통화를 했는데, 다음에 준다는 말만 하고 20만 원을 줬습니다. 이런 일들로 시간을 보내면서 유엔난민기구에 시간을 더 달라고 요청했고 한 달이라는 시간 동안 정리해서 한국을 떠나 다른 나라로 가려고 했습니다. 그런데도 출입국관리소에서는 5일 안에 나가라고만 했고, 결국 목동 출입국관리소에 위치한 보호소에서 일주일간 있었습니다. 그 이후에 화성보호소로 가게 되었습니다.

한국에서의 계획을 말씀해주세요.

과거에는 이란 사람들의 자유를 위해서 국제사회에 이란의 현재를 알리고 싶었습니다. 이제는 이란 사람들에서부터 변화가 이루어져야 한다고 생각합니다. 난민 인정을 받아 한국에 머물게 되거나, 거절되어 이란으로 돌아가게 되더라도 이란에 찾아올 변화를 위해 일할 것입니다.

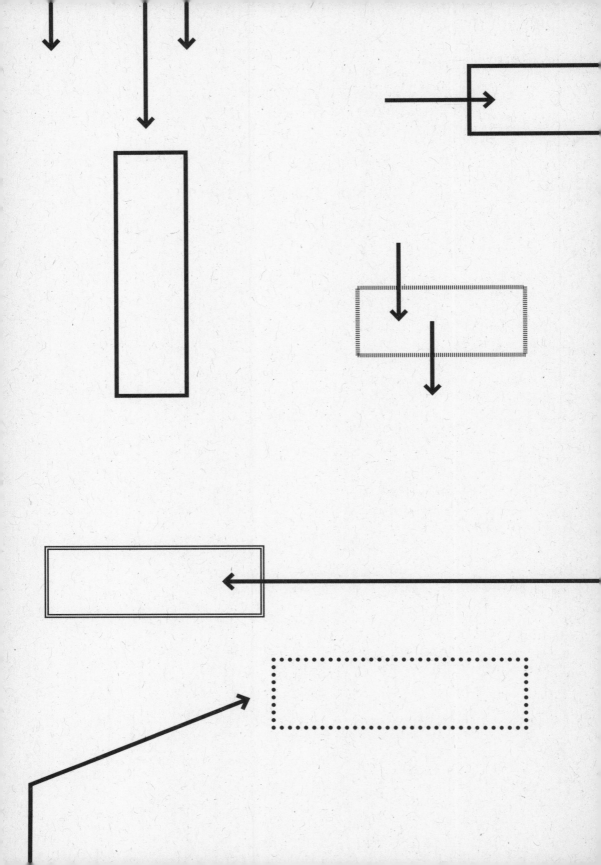

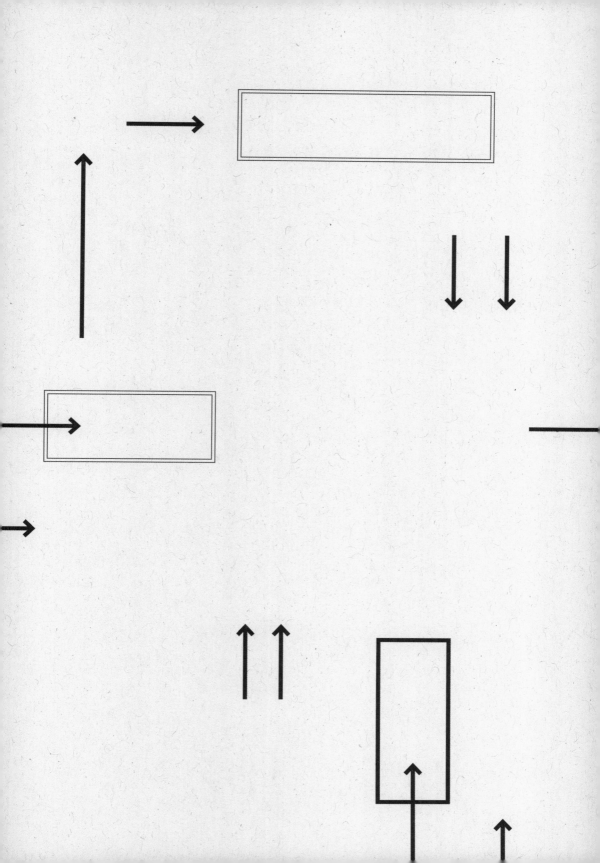

Nansen
Workshop

Color Trip

[Spring Green]
봄의 연둣빛처럼 설레는 내 직업
– 김지은

[Growing Green]
풍성하게 성장하는 고향
– 마르타

[마음 약한 그린]
열심히 일하는 정신영 변호사
– 알민

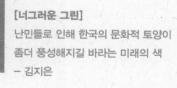

[너그러운 그린]
난민들로 인해 한국의 문화적 토양이
좀더 풍성해지길 바라는 미래의 색
– 김지은

[Green Hope]
한국에서 더 나은 삶을
살 수 있을 거라는
기대와 희망
– 마리아 아숨타

[Darfur Green]
고향의 색
– 라티프

[A. 스틴의 미소]
A. 스틴의 밝고
유쾌한 웃음소리
– 고은지

Green

[My Bright Future]
— 아알루 센쿠티

[Gleam Yellow]
어둠을 밝히는 불빛,
그러나 어슴푸레
밝아 오는 불빛,
한국에서의 삶
— 헨리 무툼바

[Plan in Korea]
미래
— 아알루 센쿠티

Yellow

[Sunshine Yellow]
우간다의 미래,
변화된 우간다를 꿈꾸며
— 헨리 무룸바

Red

[Survival Red]
난민 인정도 중요하지만
기본적으로 생존해야 한다.
– 알민

[차별]
카메룬에서 일어나는 종교적 제국주의,
부패, 부정선거, 인권, 정치, 경제,
문화 등 다양한 범위의 불안정한 문제들
– 크리스천 디올 니그와넷

[Love]
– 이삭

[Warm Red]
화목한 가족, 엄마
– 멕데스

[Dangerous Red]
경고의 빨강
– 라티프

[Valentine Red]
사랑, 행복, 기쁨의 빨강
– 이삭

[분노]
과거 일본인으로 놀림받았던
시절의 상처
– 고은지

[Power]
난민 강제 구금 반대법이
생기게 해준 김성인 변호사
— 알민

[Safe Blue]
신변 보호와 안전을 위해
카메룬에서 왔습니다.
다행히 지금까지 살아 있다는 게
감사할 뿐입니다.
— 크리스천 디올 니그와넷

[Liberty Blue]
우간다의 어둠에 필요한 변화
— 헨리 무툼바

[Blue Blur]
하늘을 볼 때마다 어떤 일이
벌어질지 알 수 없는 나의 한국 생활이
교차됩니다. 뚜렷하지 않은 미래와 희망으로
가득 찬 모호함의 푸른색
— 마리아 아숨타

[N의 꿈]
그럼에도 불구하고
품고 싶은 꿈
— 고은지

[Blue Care]
— 이브라힘 압달라

[Water Blue]
생명의 근원, 물, 산소
— 라티프

Blue

[작은 혁명]
폐쇄된 공간에서의 작은 혁명
— 라티프

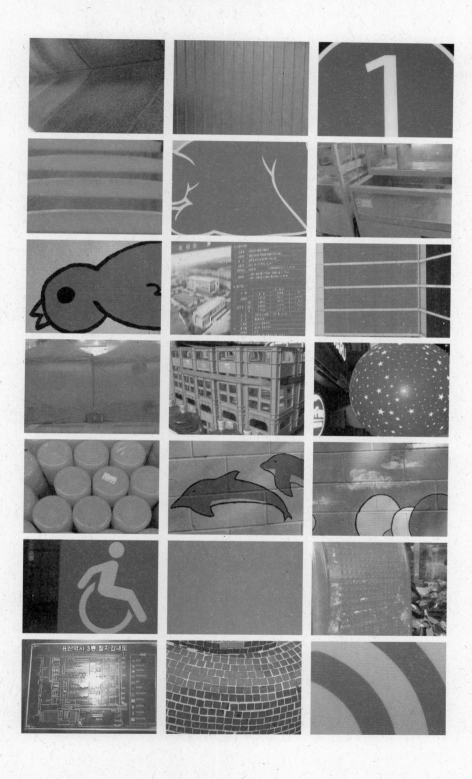

Pink

[Smile Pink]
잘 웃고 사람들을 기분 좋게
만드는 고은지 활동가는
에너지가 많은 아름다운
사람입니다.
화성보호소에서
우울할 때마다 생각하고
웃어보았던 사람입니다.
– 알민

[Red become Pink]
현재 한국에서 겪는 어려움은
빨간색이지만, 어려움 속에서도
다른 사람을 미워하지 않고
모두를 사랑할 것이기에
핑크색을 선택했습니다.
– 크리스천 디올 니그와넷

[알민의 마음]
어려운 상황에서도 다른 사람의
마음을 헤아리는 사람
– 고은지

[Beautiful Pink]
아름다움, 사랑, 인생
– 이브라힘 압달라

[Sweet Blissful Pink]
미래의 기쁨, 평화, 행복
– 마리아 아숩타

[희망의 핑크]
평화와 희망의 한국
– 라티프

[남겨둔 미래]
희망, 가능성
– 라티프

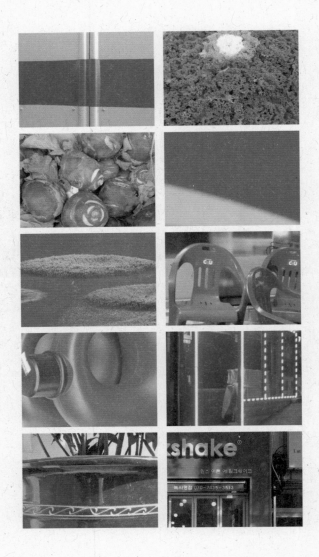

Purple

[Mourning Purple]
우간다에서의 어려움을 담은
슬픔의 보라색
– 마리아 아숨타

[내 인생의 보라]
나와 언제나 함께했던
친구들과의 좋았던 시절
– 이브라힘 압달라

[라티프의 가능성]
잠재력, 능력, 신념의 보라색
– 고은지

[Waiting White]
이란 내 이슬람을 바꾸는
나의 사명으로서의 색
– 알민

[Loving Helping White]
더 나은 인생과 평화, 기쁨,
행복을 안겨줄 색
– 마리아 아숨타

[Freedom White]
한국의 평화
– 멕데스

[비둘기의 하얀색]
평화의 색
– 이삭

[Peaceful White]
– 이삭

[Full Fill White]
모든 것이 가득했던
어린 시절
– 헨리 무툼바

[Pure White]
순수의 상징이자 평화를 위해
갈망하고 싸우는 모든 사람들,
기독교인들에게 상징이 되는 색
– 크리스천 디올 니그와넷

White

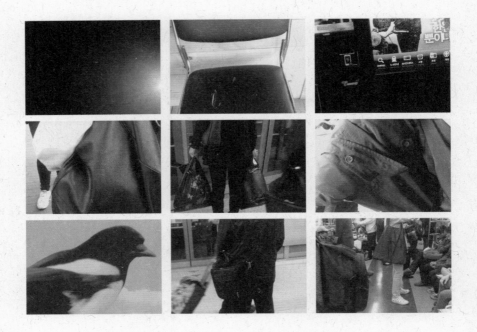

Black

[Dark Black]
나의 조국
– 멕데스

[Dark Memory]
– 이삭

[Bad Memory]
– 아얄루 센쿠티

[슬픔과 힘의 가운데]
– 이브라힘 압달라

[폐쇄된 공간]
– 라티프

[라티프의 겨울]
라티프에 대한 걱정
– 고은지

[Walk to Work Demonstration]
– 헨리 무툼바

[Christian Gold]
나와 공감하는 많은 사람들을
만나기를 원하는 내 미래
– 크리스천 디올 니그와넷

[Victory Orange]
열정적이고 강한 확신을 가진
김종철 변호사
– 알민

[Diversity]
수많은 사람들 중
나도 한 사람이라는 것을
생각하게 하는 색
– 고은지

[반짝반짝 숨 쉬는]
모두가 행복한 〈난센여권〉
– 고은지

[두 번 만난 사람]
아직 잘 모르는 이일 변호사
– 알민

[불안한 기억]
아웃사이더가 될 것 같은
불안감. 그러나 앞날에 대한
희망이 작게나마 있기에
검은색이 아닌 회색
– 김지은

[무정함]
하루하루의 일상이 다름을
인정받지 못하는 나의 현실
– 김지은

[사자들의 싸움터]
– 이브라힘 압달라

[초콜릿]
중요한 사람을 만날 때 입는
양복의 색
– 알민

[My Brown]
나는 아프리카에서 온
브라운 색의 남자
– 크리스천 디올 니그와넷

[침묵의 브라운]
T. 마스 씨의 침묵의 색
– 고은지

◆
컬러 트립은 〈난센여권〉 워크숍 컬러 캠프에 참여한 사람
들이 일상 속에서 찾은 자신의 컬러를 소개한 프로젝트입
니다.

– [컬러 이름]
– 의미
– 이름

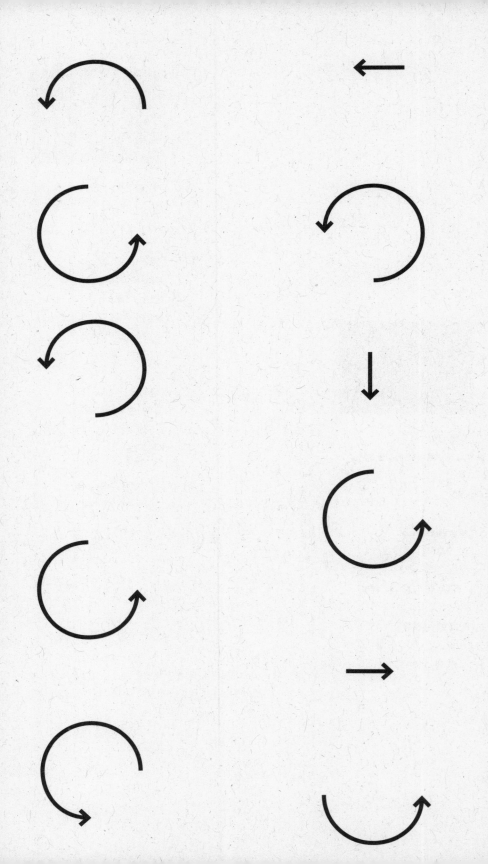

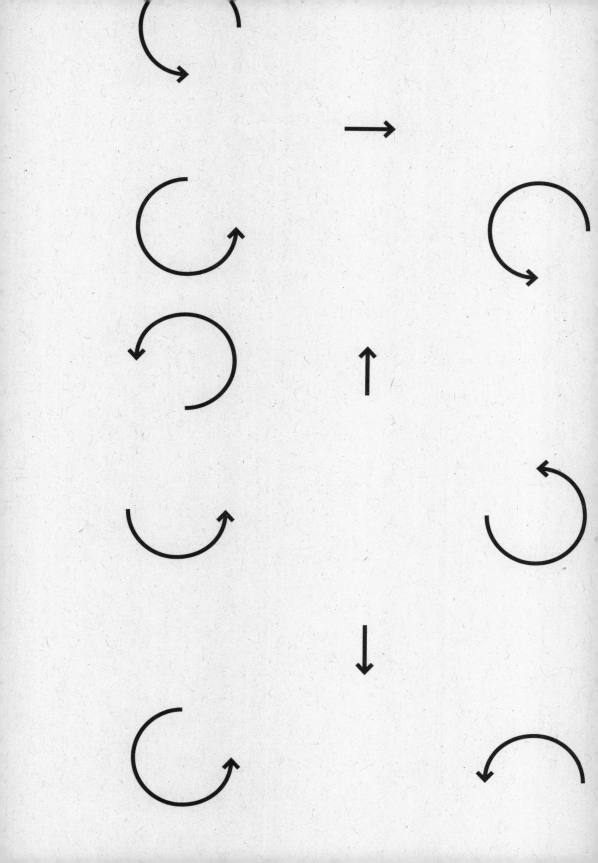

Nansen
Workshop

활동가

상식의 문

김성인 / 난민인권센터 사무국장

Door. 1 당신의 문, 과거: 난민 지원에 대한 신념을 갖게 된 계기와 당시의 사회적인 분위기가 어떠했는지 궁금합니다.

저의 신념과 결단을 통해 스스로 '난민'이라는 문을 열고 들어갔지만, 누군가가 안에서 열어주었기에 가능했다고 생각합니다. 우리사회 도처에 널려 있는 문제들을 직접 개선하고 싶은 생각으로 대학을 졸업하고 경제정의실천시민연합에서 일했습니다. 사회적 활동을 하면서도 수시로 배낭여행을 다녔는데, 그중에서도 베트남과 태국 여행이 제 삶에 큰 전환점을 안겨주었습니다. 여행을 통해 세계 속에서 국가와 개인의 정체성에 대해 생각하고 시각을 넓힐 수 있었습니다. 세계 속에서 내 모습을 바라보면서 사회와 난민에 대한 관심을 심화시켰습니다. 기왕이면 현장에서 할 수 있는 일을 찾아 활동하기로 마음먹고, 다니던 직장을 그만두고 난민 지원을 본격적으로 하게 되었습니다.

Door 2. 당신의 문, 현재: 난민인권센터를 하나의 '문'으로 간주할 때 이 문은 어떤 사람들에게 열려 있나요? 이 문에 들어서면 어떤 이야기가 펼쳐지고 무엇을 만나게 되나요?

기본적으로는 주권을 가진 국민은 국가가 보호합니다. 하지만 난민은 스스로를 보호해야 합니다. 국가가 그들을 보호할 능력이 없거나 보호할 의지가 없기 때문입니다. 이 넓은 지구에 자신을 보호해줄 사람이 없는 위급한 상황에 놓이는 겁니다. 보호할 주체가 없다는 것은 인권의 사각지대에 내팽개쳐진 것과 같습니다. 처음 난민을 위한 활동가로 일을 시작했을 때를 돌이켜보면 참 무모하기 짝이 없었습니다. 직장을 그만두고 캐나다로 건너가, 무작정 토론토의 전화번호부에서 난민 지원 단체, 이주민 지원 단체 전화번호를 찾아서 일일이 방문했습니다. 그러다가 'Romero House'에서 인턴 면접을 보았습니다. 그곳에서 요구했던 이력서 서류 가운데 성실성, 독립성 등의 항목에 '상─중─하'를 선택하는 자기평가 항목이 있었습니다. 그중 '상식Common Sense'이라는 항목이 있었는데,

저는 '하'를 표시했는데, 한국의 시험과목 중 하나인 일반 상식General Knowledge으로 생각했기 때문입니다. 인터뷰를 마칠 때쯤, 면접관이 "그런데 왜 상식을 최하로 썼죠? 한 국에서도 당신의 상식은 최하 수준이었습니까?"라고 마 지막 질문을 던졌습니다. 한국에서는 사회활동과 지역활 동을 하는 등 높은 편에 속했다고 답했습니다. 그랬더니 한 가지 질문을 더하더군요. "폭설이 내리는 한겨울에 얇 은 스웨터를 입은 여성이 문 밖에서 문을 두드리면 당신 은 문을 열어 들어오게 하겠습니까? 아니면 모른 척하겠 습니까?" 당연히 "들어오게 하겠다"고 대답습니다. 그러 자 면접관이 "그럼 당신은 상식이 있는 사람입니다"라고 말하더군요. 한국사회에서 상식이란 일반상식을 떠올리 게 하지만, 그들에게 상식이란 '눈보라 속에 서 있는 사람 에게 문을 열어주는 것'이었던 겁니다. 이처럼 상식은 멀 리 있는 게 아닙니다. 훗날 저를 인터뷰했던 면접관이 인 터뷰를 하겠다고 찾아온 제가 너무 불쌍하고 행색이 초라 해서 받아줄 수 밖에 없었다며 그때를 얘기하더군요. 그 때 그가 문을 열어서 제게 아주 사소한 기회를 한 번 주었 을 뿐인데, 그 문이 열려 제 인생을 바꾸고 한국에서 난민

인권센터라는 것으로 확장될 수 있었던 겁니다.

Door 3. 당신의 문, 미래: 가까운 미래에 어떤 '문'을 만들고 싶은가요? 앞으로 열게 될 '문'을 위해 필요한 것은 무엇일까요?

난민 문제 해결의 본질적인 방향은 '회복'에 있습니 다. 난민들은 시민권을 인정받지 못합니다만, 법적 보호 의 지위는 회복되어야 합니다. 법적 지위만이 아니라, 인 간 존엄성의 회복이 동시에 이루어져야 합니다. 특히, 난 민인권센터가 집중하는 부분은 '관계의 문제'에 관한 것입 니다. 지역 주민과 함께하는 관계망 속에서 국가가 하지 못했던 것을 갖추고 싶었습니다. 지역 기반의 관계 속에 서 난민인권센터의 건물이 있기를 바라고, 커뮤니티의 기 반이 되고자 했습니다.

난민인권센터는 몇 평 안 되는 공간이지만, 자기 나라의 영토, 땅을 잃은 사람들에게 마지막으로 이 지구 상에서 마음 편하게 머물 수 있는 그런 장소가 되고자 합

"폭설이 내리는 한겨울에 얇은 스웨터를 입은 여성이
문 밖에서 문을 두드리면 당신은 문을 열어 들어오게 하겠습니까?
아니면 모른 척하겠습니까?"

니다. 이곳에 오면 누군가를 만날 수 있고, 위로받을 수 있고, 누군가와 친구가 될 수 있다는 기대감을 가질 수 있는 장소 말입니다. 이것이 난민인권센터가 나아가야 할 방향이고 이 건물과 장소가 가져야 할 문화적 공간으로서의 의미입니다. 이를 실제로 가능하게 하기 위해서는 사람들의 마음속에 상식에 대한 오류와 편견을 바꿔나가는 사건들이 필요할 것입니다.

난민인권센터에서 진행중인 문화 프로그램에 대해서 간단히 설명을 부탁드립니다.

〈난센문예〉〈월담〉〈이웃과 함께 김장 담그기〉〈팥빙수 데이〉 그리고 〈어학교실〉이 있습니다. 〈어학교실〉은 난민들이 지역주민들에게 언어를 가르쳐주는 프로그램입니다. 프로그램 자체보다는 준비과정에서 만나는 이웃들에게서 난민들의 현재와 미래에 긍정적인 기대를 가능하게 하는 것이 이 프로그램의 주요 목적입니다. 제가 공간과 프로그램을 운영하면서 얻은 결론이라면 난민들에게는 찾아

갈 수 있는 사람, 찾아갈 수 있는 장소가 필요하다는 것입니다. 그 장소가 앞서 말한 상식의 문이 열리는 곳이 되겠지요.

이어질 인터뷰에 어떤 분을 추천하고 싶으신지요?

김포에 있는 재한줌머인연대입니다. 방글라데시에서 온 난민 65명 정도가 모여 커뮤니티를 이루고 있습니다. 이들을 만나면 자체적으로 움직이는 커뮤니티의 힘을 발견할 수 있을 겁니다. 거의 유일한 난민 커뮤니티라고 할 수 있어요. 물론 안산이나 수원 쪽에도 다른 국가의 난민들이 모여 있지만 재한줌머인연대와는 다릅니다. 그 숫자도 많지 않고요. 그리고 마웅저 씨를 추천합니다. 한국에서 난민 지위를 받고 정착도 했지만, 더 많은 활동을 하기 위해 본국으로 돌아가려고 준비중입니다. 난민으로서 본국으로 돌아가는 최초의 사례입니다. 꼭 만나보세요.

돌아갈 사람들의 피난처

이호택 / 국제난민지원단체 피난처 대표

언덕을 한참 올라와야 볼 수 있는 피난처의 '라이트 하우스Light House'가 인상적입니다. 이 공간은 언제부터, 어떻게 사용하게 되었나요?

2013년 2월에 처음 왔습니다. 라이트 하우스는 '빛으로 세상을 비춰달라'는 뜻으로 지은 이름입니다. 난민들의 숙소로 사용하는 곳이자 스태프들의 사무공간이기도 합니다. 공간 가운데에 커뮤니티 기능을 하는 공간이 있어서 밤에는 휴게실과 거실로 사용됩니다. 피난처는 다음 숙소로 옮겨가기 전, 단기간 머무는 숙소 개념이라고 보면 됩니다.

국내에서는 쉼터를 제공하는 난민지원단체가 많지 않다고 들었습니다.

'어디엔가, 우리사회 한 곳에 피난처가 있어야 한다'가 피난처의 모토입니다. 최후의 순간에 아무도 감당할 수 없는 그 일이 바로 우리의 일이라고 생각합니다. 피난처가

유일한 쉼터 제공 센터라고는 할 수 없습니다. 우리 외에도 '코람데오'라는 출판사에서 독자적으로 운영하는 숙소가 있습니다.

프리드쇼프 난센의 '난센여권'이 당시에 어떤 의미가 있었고, 우리에게 시사하는 바는 무엇일까요? 만약 선생님께서 난센이라면 지금 서울에서 어떤 여권을 어떻게 만들고 싶은지 궁금합니다.

난민들은 여권이 없어서 모국으로 돌아가는 일이 쉽지 않습니다. 현재 체류하는 나라에서는 몰아내려고 하고, 다른 나라에서는 받아주지 않으니 이동이 자유롭지 않은 것입니다. 여권은 한 개인이 한 국가의 국민이라는 것을 증명해주고, 그 나라에서 발생할 수 있는 문제를 책임져달라는 내용이 명기되어 있습니다. 난민들은 여권이 없기 때문에 아무것도 보호받을 수 없습니다. 국가가 난민을 보호하지 않는 상황에서 국제사회가 책임을 지겠다고 합의한 여권이

필요합니다. 〈난센여권〉은 난민들을 위한 탈출구이자 희망이 될 것입니다.

그러한 '희망카드'를 누가 발행할 수 있을까요?

난민들의 상황을 공감하고 그들을 사랑하고 책임지려는 시민들과 단체들이 희망카드로서 여권을 발행할 수 있을 것입니다. 국가는 자국에서 보호받지 못하는 난민들이 안정적으로 체류할 수 있도록 피난처의 역할을 해줘야 합니다. 그들의 삶을 보장해줘야 합니다. 문제는 국가가 제 기능을 하지 못한다는 것인데, 이 경우 피난처가 시민의 힘으로 그 역할을 대신하려 합니다. 실제로 말레이시아에 10만 명 가량의 버마 난민들이 있습니다. 버마는 영향력이 없어 난민들을 보호하지 못하고, 말레이시아 정부는 이들을 다시 미얀마로 추방시키고 있습니다. 버마 난민들은 단체를 만들어 신분증 같은 회원증을 발행하고 있는데, 이것이 그들에게 소속감은 물론 심리적 안정감을 가져다줍니다. 그래서 경찰 심문에도 〈난센여권〉을 제시해 신원을 증명하고 '소속이 있음'을 인정받게 하면 좋겠습니다. 피난처에서는 증명서를 발급하진 않지만, 경우에 따라 난민의 지위를 인정받지 못해서 해결방법이 마땅치 않은 이를 위해 편지를 써줍니다. 난민의 지위를 인정받지 못한 사유와 어떤 문제가 발생할 때 연락할 수 있는 연락처를 제공하는 것입니다. 그런 점에서 시민사회가 보증하고 개입하는 어떤 문서가 있으면 좋겠습니다. 단체나 시민사회, 사회적으로 존경받는 인사들이 문서의 발행 주체가 되면 더 좋겠지요. 난민 신청자를 위한 여권, 인도적 체류자를 위한 여권, 난민 인정이 거절됐지만 모국으로 돌아가지 못하는 사람들을 위한 여권, 시민사회가 난민을 만날 수 있는 통로 역할을 하는 여권 등 다양한 여권이 발행되는 것도 필요합니다. 모국으로 돌아가지 못하는 어떤 사유를 여권에 포함시킨다면 모든 곳에서 통용할 수 없더라도 미약하나마 난민을 보호하는 하나의 보증이 될 수 있을 것입니다.

Door. 1 당신의 문, 과거: 난민 지원에 대한 신념을 갖게 된 계기와 당시의 사회적인 분위기가

어떠했는지 궁금합니다.

소외된 외국인 노동자들을 돌보는 자원봉사활동에서 난민을 처음 만났습니다. 지금 생각해보면 자원봉사활동이 제게 하나의 탈출구이자, 다른 사람에게도 피난처가 된 것 같습니다. 당시 외국인 노동자들은 지금의 난민과 마찬가지로 인권 보장이 이루어지지 않았습니다. 그러나 외국인 노동자가 난민과 다른 점은 추방되더라도 돌아갈 나라가 있다는 것입니다. 이후 탈북자들을 만나면서 난민의 존재를 생각하게 되었고, 탈북자를 비롯한 외국인 난민을 돕게 되었습니다. 이러한 경험들이 쌓여 우리사회에 피난처가 필요하다는 생각을 하게 되었고, 1999년 6월부터 본격적으로 난민 봉사활동을 하고 있습니다.

2000년, 이라크 쿠르드족 난민들을 만났습니다. 난민 인정을 받지 못했던 그들은 당시 이라크를 지배하던 사담 후세인이 있는 본국으로 돌아가는 것을 두려워했습니다. 바로 그러한 상황에 처한 사람들을 위해 무언가를 해야 하는 게 피난처라고 생각했습니다. 법의 보호를 받지 못하고, 급기야 추방당해 한국에서 더이상 머물 수 없는 이들

을 직접 찾아 가서 인터뷰를 하고, 방송 등에 출연해서 피해 사례들을 조사하고 문제를 해결하려고 노력했습니다. 그러던 중 탈북자들을 만났는데, 당시만 하더라도 탈북자에 대한 관심이 드문 상황 속에서 그들이 처한 심각한 상황을 알게 되었습니다. 그들의 고통을 한국에 알리고 탈북자들이 중국에서 탈출할 수 있는 방법들을 찾아서 다양한 방법으로 국경지대를 답사하고 탈출방법을 만들었습니다. 몽골, 베트남을 통해 탈출시키기도 했습니다. 이제는 유명인사가 된 욤비 토나도 처음에는 많은 어려움과 시련을 겪었습니다. 저는 욤비를 처음 만났을 때부터 그가 상당히 괜찮은 사람이라는 걸 느꼈습니다. 애정을 가지고 친분을 나누다가 2005년경 그가 일하는 공장을 찾았습니다. 그날, 공장을 운영하는 사장에게 "욤비는 내가 좋아하는 사람이자 가장 멋진 사람"이라고 소개했더니 저를 한심하게 쳐다보면서 그를 가리켜 일도 못하고 쓸모없는 사람이라고 하는 겁니다. 사장 입장에서는 일을 잘 못하는 그를 쓸모없게 여겼던 거죠. 그래서 욤비를 데리고 나와 피난처에서 함께 일하게 되었습니다. 욤비는 피난처와의 만남이 "인생에서 가장 큰 사건이자 감동적인 일"이었다고 지금도 이야기합니

"난민 신청자를 위한 여권, 인도적 체류자를 위한 여권,
난민 인정이 거절됐지만 모국으로 돌아가지 못하는 사람들을 위한 여권,
시민사회가 난민을 만날 수 있는 통로 역할을 하는 여권 등
다양한 여권이 발행되는 것도 필요합니다."

다. 저나 욤비에게 이전까지 예상할 수 없었던 '문'이 열린 것입니다. 어딘가에 피난처가 있다는 믿음과 사랑하는 마음으로 무언가를 도전하다보면 우리가 예상하지 못했던 길이 열리는 것 같습니다.

Door 2. 당신의 문, 현재: 피난처라는 공간을 하나의 '문'으로 간주할 때 이 문은 어떤 사람들에게 열려 있나요? 이 문에 들어서면 어떤 이야기가 펼쳐지고 무엇을 만나게 되나요?

아무리 피난처에 머문다 하더라도 경제적 지원과 따뜻한 관심이 없다면 버림받았다는 생각을 지울 수 없습니다. 보통 난민들은 이곳에 3개월 정도 머물렀다가 새로운 길을 모색합니다. 1년 이상 머무르는 사람도 있습니다. 이곳에 오래 머무는 사람들이 우리를 미워하고 관계가 나빠진 경우도 있었습니다. 자신이 여전히 버려졌다는 생각을 버릴 수 없기 때문으로 보입니다. 봉사를 하는 우리에게도 부담스런 부분입니다. 그래서 난민과 스태프들이 한 공간

에서 소통하며 지내는 지금의 공간을 시작했습니다. 스태프들이 일하는 공간과 숙소를 열린 공간으로 사용하고, 강당은 난민들의 커뮤니티 활동이 이뤄지게 했습니다.

피난처의 현재의 문을 '열린 공간, 열린 문'으로 소개하고자 합니다. 가끔 이웃들이 방문을 하는데, 난민들은 자신들이 이웃에게 받아들여졌다고 느끼는 것 같습니다. 어느 날, 동네 편의점에서 세 명의 난민과 세 명의 이웃이 함께 맥주를 마시게 되었습니다. 서로를 전혀 모르는 이웃이 자신들에게 관심을 나타내고 이야기를 들어주었다는 사실만으로도 기분이 좋아 돈도 없는 난민들이 술값까지 냈다고 합니다. 난민들이 무엇을 원하는지 알 수 있는 에피소드입니다. 바로 공감인 거죠.

그래서인지 피난처와 영종도 난민지원센터는 여러 면에서 대조를 이룹니다. 쉼터의 난민들이 마을에서 이웃들과 일상을 누리는 것이 중요한데, 영종도 난민지원센터는 일상적인 삶과 거리를 둔 격리된 수용시설이라는 의견들에 대해서

는 어떻게 생각하시는지요?

우리사회가 난민에 대해 열린 마음을 가지고 처음부터 잘 디자인해서 차근차근 풀었다면 좋았겠지만, 국가는 난민을 수용하고 배치하는 책임이 있습니다. 장기 체류 시설이 아니라 난민 심사 기간 동안이라도 거주할 수 있게 하는 것도 하나의 방법이 될 것입니다. 그들이 한국에서의 생활을 준비하는 시간으로 영종도 난민지원센터를 사용하는 것입니다.

Door 3. 당신의 문, 미래: 가까운 미래에 어떤 '문'을 만들고 싶은가요? 앞으로 열게 될 '문'을 위해 필요한 것은 무엇일까요?

현재 난민은 우울하고 어두운 터널을 통과하고 있습니다. 하지만 그들도 본국에서는 우리와 같은 평범한 사람입니다. 전쟁 등으로 인한 피치 못할 사정으로 난민의 삶을 영위하게 되었지만, 그들도 우리처럼 무한한 잠재력을 지

닌 하나의 소중한 사람이라는 생각을 가져야 합니다. 궁극적으로는 이곳에서 피난생활을 하는 가운데 무언가를 준비해서 언젠가 돌아갈 본국에서 자신의 소명을 다하게 하는 것입니다. 우리가 해야 할 일은 그들이 한국에 체류하는 동안 미래를 꿈꾸게 돕는 것입니다. 아울러 패배의식에 빠진 그들에게 귀한 존재라는 인식을 불러일으켜주는 겁니다. 앞으로도 그들이 어떤 적성을 갖고 있는지, 미래의 꿈은 무엇인지, 그들이 무엇을 잘하는지 등을 파악해 각자에게 맞는 일자리를 창출하는 역할을 하고자 합니다.

욤비에 관한 이야기야말로 난민에 대해 편견을 갖고 있는 우리의 마음을 움직일 수 있는 좋은 사례라고 생각합니다.

맞습니다. 시민들에게 난민이 우리에게 어떤 존재인지를 알리는 것도 우리가 할 일입니다. 난민이란 곧 '돌아갈 사람들'입니다. 난민에게도 '한국에 머물 생각만 하지 마라, 당신들은 돌아갈 사람들이다'라고 말합니다.

'난민'이라는 단어가 어려운 사람이나 극한 상황에 처한 사람이라는 고정관념을 갖는 것 같습니다.

그렇습니다. 단어를 바꿔야 한다고 봅니다. '국제 자유 이주민'이라는 개념을 설명할 수 있는 말이 있으면 좋을 것 같아요. 국제사회에서 쓰는 'refugee'는 어떨까요? '불쌍하니까 도와주자'가 아니라 '인재를 만들고 투자하자'는 개념으로 후원해야 할 것입니다.

난민과 함께하면서 삶이 변화했을 것 같습니다. 개인적인 삶과 사회적 역할에 있어 어떤 점이 달라졌나요?

난민을 만나면서 인생의 의미에 대해 생각하게 되었습니다. 보람과 미래를 꿈꾸게 되었습니다. 꿈은 제 삶을 아름답게 만들어주었고, 삶이 아름다워지자 매력적인 사람이 되었습니다. 매일매일 내 안에서 새로운 기운이 역동하

는 걸 느낍니다. 피난처는 직장이라기보다 꿈을 나누는 곳입니다. 난민에게도 제가 느끼는 소중한 부분을 함께하자고 늘 말합니다.

난민을 돕는 일을 하면서 전하고 싶은 메시지는 무엇인가요? 지금 하고 있는 일을 하나의 색깔로 표현한다면 무엇일까요?

연두빛의 새싹색으로 표현할 수 있습니다. '싹트네 싹트네~ 내 마음에 소망이 싹트네'라는 가사의 노래가 있습니다. 난민의 황량한 속마음에서 싹이 트는 거죠. 이 싹은 난민에게만 자라는 게 아니라 우리 안에도 자라납니다. 우리가 그들을 모른 척하고 배척하면 행복할 것 같지만 그렇지 않습니다. 자기 것을 지키려고 노력한다고 해서 지켜지는 것이 아니라, 다른 사람과 나누고 우리 안의 선한 동기가 밖으로 표현될 때 행복해지는 것입니다. 나 혼자서는 안 되는 일들이 다른 사람과 함께할 때 새로운 새싹으로 올라오듯이 자기 것을 나눈다고 해서 없어지지 않습니다. 다

"현재 난민은 우울하고 어두운 터널을 통과하고 있습니다.
하지만 그들도 본국에서는 우리와 같은 평범한 사람입니다.
그들도 우리처럼 무한한 잠재력을 지닌
하나의 소중한 사람이라는 생각을 가져야 합니다."

른 사람, 다른 가치를 배척할수록 오히려 더 우울해지고 가
난해지는 것입니다.

이어질 인터뷰에 추천해 주실 분이 있으신지요?

저에게, 그리고 우리 모두에게 특별한 사람인 욤비
토나를 추천합니다.

넘나듦의 문

박진숙 / 에코팜므 대표

Door. 1 당신의 문, 과거: 난민 지원에 대한 신념을 갖게 된 계기와 당시의 사회적인 분위기가 어떠했는지 궁금합니다.

처음부터 사명감이 있었던 것은 아닙니다. 단순히 프랑스어를 전공했다는 이유만으로 피난처의 이호철 대표가 콩고 난민을 대상으로 한글 수업을 하는 건 어떻겠냐고 해서 시작했지만, 난민에 대한 어떤 편견을 지울 순 없었습니다. 하지만 막상 만나 수업을 진행해보니 제가 가졌던 못 배우고 똑똑하지 못할 것이라는 편견이 깨졌습니다. 자유롭지 못하고 눌려 있는 듯했지만 깨어 있는 시각과 사고를 가진 이들이 많았습니다. 그날 이후, 그들의 자존감을 다시 키울 수 있는 일들을 고민했습니다. 〈오픈 컬처 플라자〉라는 다문화 프로젝트와 예술치료 프로그램을 통해 난민 스스로 자신의 감정을 다스리고 낮은 자존감을 회복할 수 있는 일을 도왔습니다. 그림을 그린다는 건 만국 공통의 언어이자 개인의 의식체계를 드러내는 일입니다. 그들 고유의 문화에 대해 자연스럽게 이야기할 수 있는 매개체이기도 합니다. 에코팜므에서도 같은 프로그램을 운영했는데, 특히 콩고 난민이 티셔츠에 그림을 그리는 〈AmA Afrique mon Afrique T Shirt Project〉가 기억에 남습니다. 메시지가 적힌 티셔츠를 입고 다니게 함으로써 콩고의 문화를 입게 한 것입니다.

Door. 2 당신의 문, 현재: 에코팜므라는 공간을 하나의 '문'으로 간주할 때 이 문은 어떤 사람들에게 열려 있나요? 이 문에 들어서면 어떤 이야기가 펼쳐지고 무엇을 만나게 되나요?

에코팜므의 워크숍은 난민, 이주여성이 훗날 좋은 작가로 성장하게 하는 것을 목적으로 합니다. 우리는 난민, 이주여성을 '작가'라고 부르는데, 현재 콩고인 2명, 몽골인 결혼 이주여성 3명이 매주 두 그룹으로 나누어 워크숍을 진행하고 있습니다. 전북 진안에 있는 베트남 그룹도 있는데, 주로 핸드메이드 워크숍을 진행하고 있습니다. 2007년 한글 수업을 들었던 4명의 콩고인 중 한 명은 현재 영어강사로 활동하고 있습니다.

주변의 이웃과 에코팜므 그리고 난민 사이의 관계는 어떻게 만들어지고 있나요?

피난처에서 출발한 세 단체로 난민인권센터, 에코팜므, 공익법재단 어필이 있습니다. 난민인권센터는 피난처와 같은 형태로 난민들을 돌보는 역할을 합니다. 공익법재단 어필은 김종철 변호사가 운영을 담당하고, 피난처는 쉼터가 있는 유일한 공간입니다. 난민인권센터도 고시원 등 몇 개의 쉼터를 지원하고 있습니다. 에코팜므는 네트워크 기관들과 비전을 공유하면서도 그 과정에서 '재미'를 추구한다는 점이 특징입니다. 자립기관인 따비에 출판사도 중요한 동료입니다. 따비에는 미얀마 출신의 마웅저 씨가 운영하는 곳으로, 한국 활동가들도 많고 유연하게 움직이는 조직입니다. 줌머인 로넬 차크마 나니가 운영하는 재한줌머인연대는 독립군 출신의 로넬이 사무국장으로 일하며 난민에 관한 이슈를 선점하는 일을 주로 하고 있습니다. 로넬은 한국어로 보도자료를 쓸 정도로, 한국어에 능한 사람입니다. 그밖에 고려대 서창록 교수님이 운영대표로 있는 휴먼 아시아가 있습니다. 휴먼 아시아에

서 재한줌머인연대에 '줌머 도서관'을 만들어주었습니다. 국제기구로는 유엔난민기구 한국 지부가 있습니다.

Door. 3 당신의 문, 미래: 가까운 미래에 어떤 '문'을 만들고 싶은가요? 앞으로 열게 될 '문'을 위해 필요한 것은 무엇일까요?

머리와 마음이 함께 움직이게 하는 프로그램이 필요하다고 생각합니다. 영종도 난민지원센터의 시설 유지비 항목을 살펴보면 프로그램에 대한 예산이 전무해서 걱정됩니다.

난민과 함께하며 많은 것이 변했을 것 같습니다. 난민 문제와 관련해 현재 주목하는 방향에 대해서 그리고 갖고 있는 비전에 대해 말씀해주세요.

"지금까지의 경험은
'난민'뿐만 아니라 '이방인' '외톨이' '뿌리 뽑힌 나그네'에 대한
공감과 연대가 이루어지는 토대를 마련해야겠다는
큰 비전을 만든 소중한 시간이었습니다."

지금까지의 경험은 '난민'뿐만 아니라 '이방인' '외톨이' '뿌리 뽑힌 나그네'에 대한 공감과 연대가 이루어지는 토대를 마련해야겠다는 큰 비전을 만든 소중한 시간이었습니다.

사랑방 문

김종철 / 공익법재단 어필 변호사

**난민과 함께하는 변호사님에 대한 소개를 부탁
드립니다.**

기적적으로 삶을 변화시켜가는 그들의 이야기에
동참할 수 있다는 것 자체가 특권입니다. 지난 10여 년간
난민과 함께 일하면서 공감 능력과 상상력이 커졌다는 것
을 확인하게 됩니다. 무엇보다 이 두 가지는 좋은 변호사
가 갖추어야 할 중요한 덕목이라고 생각합니다.

**난민을 위한 문을 만들어본다면 어떤 문을 제안
하시겠어요?**

그 문을 열고 들어온 사람도 더이상 과거의 그가
아니고, 그 문을 열어준 사람도 더이상 과거의 그가 아닌
문이 되길 바랍니다. 그 문은 도시 한가운데 설치된 차가
운 문이 아니라 '사랑방' 같은 문이 될 것입니다. 언제든지
들어와 환대를 받을 수 있는 문, 동시에 언제든지 자유롭
게 떠날 수 있는 문이면 좋겠습니다.

**난민 지원에 대한 신념을 갖게 된 계기와 당시
의 사회적인 분위기가 어떠했는지 궁금합니다.**

극적이고 기적적인 난민의 이야기에 매료되어 이
일을 시작했습니다. 처음 일을 시작할 때에는 난민이 더
나은 삶을 살면 좋겠다는 생각이었지만, 돌아보면 더 나
은 삶의 이야기를 쓰게 된 것은 제 자신이라는 생각을 해
봅니다. 난민과 함께하면서 우리사회가 얼마나 다양성을
수용하지 못하고, 약자를 배려하지 않는지 절실히 느낄
수 있었습니다. 난민과 함께하면서 우리사회의 병을 치유
할 수 있는 해독제를 발견한 것 같습니다.

**프리드쇼프 난센의 '난센여권'이 오늘날 다시 발
행되어 실제로 작동한다면 무엇을 기대할 수 있
을까요?**

우선 한국 사람들이 난민으로서 과거와 현재에 어
떤 보호를 받았는지 살펴볼 수 있는 페이지가 마련되길

바랍니다. 한국전쟁 직후에 국제연합한국재건단UNKRA의 지원을 받은 전쟁난민, 독재정권 시대에 유럽과 미국에서 보호를 받은 정치난민, 지금도 양심적 병역 거부 등으로 외국에서 난민으로 보호받는 사람들에 대해 알게 하는 것입니다. 인간이 자유롭게 이동하고, 자유롭게 머무는 것은 지극히 당연한 일입니다. 하지만 현실은 그렇지 않습니다. 돈은 자유롭게 전 세계를 오가고 머물다가 떠나가지만 사람은 그렇지 못합니다. 〈난센여권〉은 우리에게, 특히 박해를 받는 사람들에게 그러한 권리가 있음을 보여주는 하나의 상징이 될 것입니다.

국내에서 난민을 주제로 하여 작업을 진행한 예술들의 작품을 만나는 것이 쉽지 않았습니다. 대신 난민들이 한국으로 오게 된 여정과 같은 상징적인 '문'을 하나의 주제로서 작품들을 살펴보았습니다. 여러 작품들 중에서 안규철 작가의 〈112개의 문이 있는 방〉을 소개해드립니다.

작품에서 보이는 여러 개의 문은 그 문을 열고 들어가는 사람들에게 가능성을 가져다주는 것 같습니다. 이 문이 들어가는 사람의 입장에서가 아니라 문을 열어주는 사람의 입장에서 만들어진다면 어떨까요? 문을 열어 타자를 받아들이는 행위가 주는 일종의 구원의 태도가 나타나면 좋을 것 같다는 생각에서 말씀드립니다. 타자를 받아들임으로써 나의 병리적인 모습을 발견하고 변화의 지점을 찾을 수 있도록 말입니다.

"극적이고 기적적인 난민의 이야기에 매료되어 이 일을 시작했습니다.
처음 일을 시작할 때에는 난민이 더 나은 삶을 살면 좋겠다는 생각이었지만,
돌아보면 더 나은 삶의 이야기를 쓰게 된 것은 제 자신이라는 생각을 해봅니다."

관념과 공간 사이의 문

황필규 / 공익인권법재단 공감 변호사

인권 변호에도 여러 유형이 있을 걸로 생각됩니다. 주로 어떤 일을 하는지요?

현재 '공익인권변호사'라는 이름으로 활동하고 있습니다. 인권변호사로 일하면서 인권 추구, 인권이라는 말에 거부감을 갖는 사람이나 어렵게 생각하는 사람에게 가까이 다가가기 위해 노력하고 있습니다. 인권변호사의 활동 영역은 매우 다양합니다. 저는 난민 문제, 이주민, 해외기업 문제, 아동 문제, 여성 문제 등을 다루고 있습니다. 3년 전만 하더라도 변호사가 난민의 인권 문제를 다루는 것이 흔치 않았습니다. 법률과 관련된 자료도 거의 없었습니다. 2005년에 난민 관련 소송에서 변호사가 개입해서 승소한 첫번째 사례가 만들어졌는데, 그게 바로 버마 난민 마웅저 씨 사례입니다. 지금까지도 저에게 의미 있는 소송입니다. 첫 만남에서 그가 저에게 '소송해봤자 무슨 소용이 있냐'고 다짜고짜 따져 물었던 기억이 납니다.

난민에 대해 관심을 갖게 된 특별한 동기가 있었나요?

난민에 대한 특별한 관심이라기보다 사법시험을 준비할 때부터 이주민에 관심을 갖고 있었습니다. 이주민 지원 단체를 찾아보고, 시험에 합격한 후에는 직접 방문을 하기도 했습니다. 공익인권법재단 공감에서 일하게 된 것도 이주민 및 난민 관련 단체라는 점이 크게 작용했습니다. 이 일을 하면서 (잠재적) 피해자는 한국인이 아니라 오히려 투표권이 없는 이들이라는 생각이 들었습니다. 그들이야말로 약자 중의 약자이기 때문입니다. 최근에는 아동 문제에도 관심을 기울이고 있습니다. 아동 역시 투표권이 없는 약자이기 때문입니다. 장기적으로는 아시아 문제에 관심을 갖고 일하고자 합니다. 변호사 입장에서 난민 문제는 어려운 일입니다. 인권 관련 소송 중에서도 난민 관련 소송은 판사의 가치관에 따라 결과가 달라집니다.

판사의 가치관이 사건을 통해 변화하는 걸 경험한 적 있나요?

어떤 계기를 통해 난민 사건이 승소한다는 게 아니라 판사의 개인적 가치관에 따라 소송의 결과가 좌우된다는 얘기입니다. 가령 처음 제가 맡았던 두 개의 소송에서 마웅저 씨는 좋은 판사를 만나 잘 해결된 경우입니다. 일반적으로 재판이 끝나고 선고까지 증거 자료 제출이 불가능하지만, 해당 판사가 이해가 되지 않으니 자세한 증거 자료를 요청했습니다. 반면 다른 소송은 제출한 증거 자료에 대해 생산적인 질문이 아닌, '복사가 흐려 알아볼 수 없다, 이 케이스로 대법원까지 갈 생각이냐'는 등의 질문을 받았습니다. 이주민 관련 사건도 마찬가지입니다. 행정사건 중 가장 오랜 시간이 걸리는 사건이 미국 회사를 상대로 한 고엽제 사건이고, 민사사건 중에서는 이주민의 권리에 대한 사건이 가장 오래 걸리는 사건으로 꼽힙니다.

오늘날 〈난센여권〉이 실제로 효력을 발휘하려면 어떤 과정이나 제안이 있어야 할까요?

과거의 '난센여권'이 입국과 체류를 주목적으로 삼았다면, 지금은 그것을 넘어 '어떻게 인간다운 삶을 보장받을 수 있을까'의 차원으로 생각을 넓혀야 합니다. 우리도 같은 사회 구성원으로써 어떤 태도로 살아야 할까를 질문하고 고민해야 합니다. 한국전쟁 당시 유엔에서 난민 기구로 분류되는 분과가 입국해서 활동한 적이 있습니다. 적십자사도 그중 하나입니다. 사실 국경을 넘지 않았을 뿐, 고향을 떠난 모든 피난민들이 난민이었던 시절이 우리에게도 있었습니다. 난민에게 필요한 것은 보통사람들이 필요로 하는 것입니다. 인간으로서의 존엄성, 인간다운 삶, 더불어 함께 사는 것입니다. 하지만 아직도 그들의 생존에 필요한 기본적인 문제조차 법적으로 허용되지 않고 있습니다. 가령 난민들은 난민 신청에서 인정을 받는 기간 동안 어떤 경제 활동도 할 수 없습니다. 이러한 상황에서 어떻게 생존이 가능하겠습니까. 척박한 현실 속에서 희망을 찾고 나아갈 방법을 함께 모색해야 합니다.

프리드쇼프 난센의 '난센여권'이 인도주의에서 출발했다면, 영종도 난민지원센터는 난민을 관리하는 측면에서 개선할 지점이 많습니다. 우리사회가 이런 문제를 해결하는 데 부족한 점은 무엇인가요?

공익인권법재단 공감에서도 그 부분에 대해서는 이견이 있습니다. 그런 시설이라도 생긴 게 어디냐는 의견과 적극적으로 시설을 활용해야 한다는 의견, 난민을 위한 생계 지원이나 취업 허가가 보장되지 않으니 좀더 강제성을 가져야 한다는 의견 등이 있습니다. 「난민법」이 제정되었지만, 난민 지원 공간 및 시설 운영에 대해서는 어떤 조항도 만들어지지 않았습니다. 지금이야말로 난민 문제에 대해 어떤 결단이 필요한 시점이라 생각합니다. 외국인 정책을 살펴보면 과거에는 '인권'이 절대적으로 우선시되었다면, 이제는 보다 균형 잡힌 정책이 필요하다는 대답과 2세들의 한국인 정체성에 대한 문제를 언급하고 있습니다. 얼핏 보면 진일보한 것 같지만, 표현만 다를 뿐 전형적인 혐오주의이자 인종차별주의에 지나지 않습니다. 인권 문제에 대한 정부의 기본 방침이 이 정도니 갈등 구조를 해결할 방법이 나올 리 없습니다. 갈등은 없고 갈등 유발자만 남는, 즉 난민이 자연스럽게 갈등 유발자로 분류되는 것입니다. 외국인 정책이 난민과 이주민 통제로 집중되다 보니 오히려 갈등만 증폭되고 있습니다.

Door. 1 당신의 문, 과거: 난민 지원에 대한 신념을 갖게 된 계기와 당시의 사회적인 분위기가 어떠했는지 궁금합니다.

초등학교 6학년 때 사춘기가 찾아왔는데, 그때 형성된 가치관이 지금까지 큰 토대를 이루고 있는 듯합니다. 바로 사람을 사랑해야 한다는 것이죠. 어떤 계기가 있었다기보다 종교적인 질문과 더불어 인간을 사랑한다는 것이 무엇인지에 대한 고민들로 그 시절을 보낸 것 같습니다. 어렸을 때 외국에서 학교를 다닌 까닭에 30~40개국 친구들과 사귄 것도 지금의 저를 형성하는 데 영향을 미쳤습니다. 중학생 시절 엠네스티에서 양심수 사진을 본 것, 중

학교 3학년 때 치른 국가시험에서 감옥에 관해 서술하라고 해서 '한국의 양심수'에 대해 썼던 기억이 납니다.

Door 2. 당신의 문, 현재: 공익인권법재단 공감을 하나의 '문'으로 간주할 때 이 문은 어떤 사람들에게 열려 있나요? 이 문에 들어서면 어떤 이야기가 펼쳐지고 무엇을 만나게 되나요?

앞에서 언급한 어렸을 때의 경험과 생각은 자신을 사랑하는 사람만이 다른 사람을 사랑할 수 있다는 사실을 깨닫게 해주었습니다. 사회가 변화하기 위해서는 개인의 역할도 중요하지만 사회 구조적으로 문제를 해결하기 위한 의지와 노력이 따라야 합니다. 개인적으로 가장 힘든 것은 '내가 난민이나 이주민을 위해 일하는 것인지, 아니면 그것이 해야만 하는 일이기에 하는 것인지'에 대한 답을 구하는 제 마음속 질문입니다. 그 질문을 계속 던지다 보니 내가 하고 싶은 일과 하기 싫은 일이 결국 같다는 것을 알았습니다. 공감에 들어가기 전의 저는 꿈이 많은 사람이었는데 들어간 후에는 더이상 꿈을 꾸지 않게 되었습니다. 마음속 깊은 곳에서 해방감을 느꼈기 때문이라고 생각합니다. 공감에서는 법적인 문제는 기본이고, 난민의 삶에 대해 깊이 배울 수 있었습니다. 난민을 진심으로 이해할 수 있게 되었습니다.

Door 3. 당신의 문, 미래: 가까운 미래에 어떤 '문'을 만들고 싶은가요? 앞으로 열게 될 '문'을 위해 필요한 것은 무엇일까요?

난민을 변호하고 재판에서 승소하더라도 우리 내부의 인식은 점점 후퇴하고 있다는 생각이 들어서 답답합니다. 이 일을 하면서 부끄럽다고 여긴 적이 한두 번이 아닙니다. 필리핀 섬유공장에서 두 명의 노조 여성이 농성하다가 납치를 당한 적이 있었습니다. 웅덩이에 버려진 두 사람을 만나서 기껏 육하 원칙에 따른 질문을 던지고 있는 저를 보게 되었습니다. 옆에 있던 다른 변호사가 '웅덩이에 버려졌을 때 어떤 생각이 들었나요?'라는 질문을

"난민에게 필요한 것은 보통사람들이 필요로 하는 것입니다.

인간으로서의 존엄성, 인간다운 삶,

더불어 함께 사는 것입니다."

던지는 순간 머리가 멍해졌습니다. 우리 두 사람 모두 오로지 사건의 팩트Fact에만 관심을 두고 있었던 겁니다. 더 놀라운 건 그들의 대답이었습니다. '두려웠다'는 대답을 예상했는데 그들은 '농성장은 누가 지키나, 빨리 돌아가야겠다'는 생각을 했다는 겁니다. 그 순간 언제부터 사람이 아닌 사안에 주목했는지 반성하고 성찰하게 되었습니다.

이 인터뷰를 릴레이로 이어볼 수 있는 사람을 추천해주신다면 누가 생각나시나요?

한양대학교 법학전문대학원에 계신 박찬운 교수님을 추천합니다. 난민 지원활동 초기에 법률가로서 선구자적 역할을 하신 분입니다.

고독의 문, 여행자의 문

박찬운 / 한양대학교 법학전문대학원 교수

Door. 1 당신의 문, 과거: 난민 지원에 대한 신념을 갖게 된 계기와 당시의 사회적인 분위기가 어떠했는지 궁금합니다.

변호사를 처음 시작한 것이 1990년 3월입니다. 그때부터 인권과 관련된 일을 많이 했습니다. 일찍이 민주사회를 위한 변호사 모임(이하 민변)에 회원으로 가입하고 활동했습니다. 처음에는 연구하는 업무를 위주로 했습니다. 「국제인권법」에 관련된 연구활동을 주로 했고, 1996년에는 미국과 유럽에서 「국제인권법」을 공부하고 1998년 12월에 귀국했습니다. 민변에 복귀 후, 참여연대 국제연대위원회 위원장을 맡았습니다. 유엔난민기구 국제기구의 로컬 오피스가 도쿄에 있었고, 당시 도쿄에서 한국의 변호사 단체 중에 파트너십을 구하고 있었습니다. 당시까지만 하더라도 국제인권에 대해서 공부했지만 난민에 대해서는 잘 알지 못한 것이 사실입니다. 그후 국내에서 법률가로서 처음으로 난민 사건을 맡게 되었습니다. 쿠르드인 메르샴이라는 친구의 사건이었습니다. 메르샴은 한국정부에 난민 신청을 했는데 법무부에서 거부됐

습니다. 강제출국의 상황을 막으려면 행정소송을 해야 합니다. 행정소송 과정에 있는 메르샴을 유엔난민기구의 소개를 통해 만나게 되었고, 변호사로서 메르샴의 대리인이 되어 소송을 고등법원까지 진행했습니다.

소송은 몇 년간 계속 진행되었고, 개인적인 사건으로 끝날 수 없어서 민변에서는 난민 보호를 위한 방법을 고민하게 되었습니다. 당시만 해도 난민 문제에 관심을 가진 변호사들이 참 드물었습니다. 현재 국제 NGO단체인 '포럼 아시아'의 사무국장을 맡고 있는 당시 민변의 김기현 간사와 함께 민변의 난민 업무를 주도했습니다. 이후 미얀마 민주민족동맹NLD 사건을 맡았습니다. 당시 소송을 통해서 난민 문제를 해결한다는 것은 희귀한 일이었습니다. 소송에서 이길 수 있는 확률이 낮았기 때문입니다. 법원에서도 난민에 대한 인식이 거의 부재했고, 난민들에게 실질적인 도움을 주려면 법무부에서 해결되어야 했습니다. 법무부가 체류 허가, 연장, 강제출국 등 결정권을 가지고 있기 때문입니다. 그래서 법무부의 결정 과정에 변호사가 개입할 수 있다면 실질적인 도움이 될 수 있었습니다. 국제연대위원회 위원장을 마치고 2001년, 민

"가장 최소한의 국가에서 최대한 인간적인 삶을 보장할 수 있어야 합니다.
인간으로서의 난민의 삶을 우리가 보장해주자는 것입니다.
그들도 우리와 똑같은 인간이기 때문입니다."

변에서 새로운 단체 '난민지원위원회' 운영을 하게 되었습니다.

난민에 대한 무엇이 선생님의 활동에 초석이 되었나요?

줄곧 소수자에 대한 관심을 갖고 있었습니다. 추상적이지만 행복이란 도대체 무엇인가라는 질문을 자주 던집니다. 우리사회의 행복과 나눔에 대한 생각들, 개인의 과거, 가난과 차별 경험을 통해 우리사회, 이웃, 소수자의 어려움에 대한 공감과 주변의 책임감을 갖게 된 것입니다. 소수자에 대한 생각이 남과 달라야 한다는 도덕적 책무도 갖게 되었습니다. 변호사가 된 후에도 개인적인 시간과 자원을 소수자에 대한 지원과 연구에 쓰고 있습니다. 그건 인권에 대한 연구도 마찬가지여서 갇힌 자, 즉 구금된 자, 한센인 등과 같은 곳에서부터 시작됩니다.

Door 2. 당신의 문, 현재: 난민의 인권은 어디에서부터 제대로 바라볼 수 있을까요?

대학에 오면서 현장에서 조금 멀어지게 되었지만 좀더 본질적인 것에 대해서 질문들과 생각을 깊이 하게 되었습니다. 다 같은 사람인데 왜 인권 문제가 일어나는지, 왜 인간은 다른 사람을 죽여야 하는지, 그런데도 왜 다른 사람을 사랑해야 하는지와 같이 철학적이면서도 추상적인 질문이 많아졌습니다. 인간은 본질적으로 그럴 수밖에 없는 존재인 것인지, 생각과 질문의 꼬리가 계속 이어집니다. 이러한 질문에 스스로 답하기 위해서는 독서와 직접 눈으로 확인하는 방법 밖에 없겠지요. 개인적으로 여행을 통해서 많은 사람들을 만나고 다른 문화를 접하면서 스스로 답을 얻을 수 있다고 생각합니다. 이런 생각들을 글로 정리해서 여러 사람들과 나누는 것을 통해 인권의 참의미를 밝힐 수 있을 겁니다.

'인권'은 말 그대로 사람의 권리입니다. 그동안은 법률가이기 때문에 '권리'의 측면에서 인권을 바라봤습니다. 사람을 의식하지 않았던 겁니다. 인권을 제대로 공부

하기 위해서는 사람과 권리를 같이 보아야 하는데, 저뿐
만 아니라 많은 법률가들이 주로 하는 실수가 바로 권리
에만 관심을 갖는다는 것입니다.

**탐험가 난센이 국제 인권을 위해 활동하던 당시
에도 국제사회에 난민에 대한 편지와 강연이 시
작점이 되어 여권으로 발전하게 되었다고 합니
다. 우리도 정책이나 법안으로 효력을 발휘하기
까지 시간이 걸리겠지만, 시민사회에서 사회적
안전망을 만들 수 있지 않을까요? 어떤 방식으
로 지지의 메시지를 전달할 수 있을까요?**

어려운 일이지요. 현대사회라는 것은 국경선 속에
서 사는 것이죠. 인간은 한편으로는 국경선을 가지려고
하고, 다른 한편으로는 국경선을 벗어나려고 합니다. 인
간으로 산다는 것은 국가가 가지는 모든 제도, 권력과 관
계없이 사는 것을 의미합니다. 나름의 인간다운 삶, 이런
삶은 제도와 상관이 없습니다. 예술가도 나만의 생각과

감각을 통해 창조성을 표현하고 싶지만 여러 가지 사회
적, 제도적 조건이 방해하지 않습니까? 그런 것으로부터
자유로운 인간 유형을 아나키스트라고 합니다만, 그런 사
람들이 따로 존재하는 것은 아닙니다. 모든 사람들이 조
금씩 그런 기질을 가지고 있습니다. 가장 최소한의 국가
에서 최대한 인간적인 삶을 보장할 수 있어야 합니다. 개
인의 삶에 가장 작은 간섭을 하는 국가가 이상적인 국가
입니다. 난민과 관련해서 이야기를 정리한다면, 인간으로
서의 난민의 삶을 우리가 보장해주자는 것입니다. 그들도
우리와 똑같은 인간이기 때문입니다.

**인간다운 삶을 보장하기 위해 〈난센여권〉에 담
아야 할 것들이 방대할 것 같습니다. 영종도 난
민지원센터처럼 공간 문제도 있고…… 한국
사회에서 난민들은 표류하고 있습니다. 몇몇
NGO와 활동단체들이 지원하고 있지만 여전히
결핍된 부분을 어떻게 채워나갈 수 있을까요?**

세계인권선언 UDHR, Universal Declaration of Human Rights이 있듯이 난민인권선언 UDRR, Universal Declaration of Refugee's Right을 만들어야 합니다. 가장 기본적인 것입니다. 지금, 아주 보편적인 그들을 위한 선언이 필요합니다. 세계인권선언은 난민에 대한 보편적인 선언입니다. 즉석에서 난민인권선언을 만들어보죠. 1조는 "난민은 국민이기에 앞서 인간임을 인정한다"가 되어야 할 것입니다. 2조는 "국민이기에 앞서 인간으로 살고자 하는 욕망을 인권으로 인정한다." 3조, "난민에게는 인간으로서의 존엄성을 보장하는 자유권, 사회적 · 문화적 · 경제적 권리를 보장한다."

긴 시간 인터뷰에 응해주셔서 감사드립니다. 이어질 인터뷰에 어떤 분을 추천하시겠어요?

제가 처음 소송을 진행했던 메르샴이라는 친구를 소개하고자 합니다. 법무부를 상대로 메르샴의 난민 인정 불허 취소 소송 관련 서류도 아직까지 보관하고 있습니다.

"난민인권선언을 만들어야 합니다.
지금, 아주 보편적인 그들을 위한 선언이 필요합니다."

활동가의 문

난민인권센터 난센지기 / 고은지 김영아 류은지 조주연

난민인권센터의 난센지기는 또하나의 문^門을 만드는 사람들입니다. 자신의 신념을 지키기 위해 난민인권센터를 자청해서 찾은 난민을 향한 문이자 동시에 그들과 소통하기 위해 많은 노력을 기울이는 문입니다. 난센지기의 문이 우리에게 커다란 울림으로 다가오는 건 이 때문일 겁니다. 어떤 계기로 난민을 만나게 되었는지, 또 난민을 만나고 달라진 것은 무엇인가요? 우리에게 난민은 어떤 존재일까요?

조주연 / 푸린

'남겨진 난민의 이름들'로 난민을 표현할 수 있습니다. '문'이라는 단어와 '난민'을 연결하다보면 최근에 만나게 된 난민 마리아 아숨타가 생각납니다. 마리아는 현재 임산부인데, 앞으로 태어날 아이를 생각하면 걱정이 앞섭니다. 또다른 표현으로는 '이름과 삶'이라고 할 수 있을 것 같습니다. 난민을 알게 되고 그들의 '이름'을 알아가지만 그들의 프라이버시와 신변의 안전을 위해 이름을 부를 수 없습니다. 마땅히 불러야 할 이름을 부를 수 없다는 것만으로도 그들과 친구가 되기 힘든 현실을 마주하게 됩니다.

고은지 / 그린

'문'은 난민과 우리 사이의 '초점 장치'입니다. 나와 난민 사이의 초점 거리를 조절하는 장치로 말입니다. 난민을 만나게 되면서 그들이 경계의 '밖'에 있을 수밖에 없었던 시간들이 선명히 보이기 시작했습니다. 많은 사람들이 유사한 경험을 갖고 있을 겁니다. 아무리 보려고 해도 초점이 맞춰지지 않는, 초점 너머에 자리한 흐릿한 모습. 그것을 보려고 시도하는 것에서부터 그들이 무엇을 생각하고 경험하고 있는지 느낄 수 있을 듯합니다.

김영아 / 졸리

'지나온 길'과 '돌아가야 할 길'이 난민과 만나는 문이라고 생각합니다. 개인적으로 노마드 Nomad적 삶을 물리적 이동이 아닌 심리적 관점에서 볼 수 없을까, 라는 질문을 개인과 공동체에 던지곤 합니다.

류은지 / 류작가

'특별함'이 아닌, 너무 평범한 사람들을 위한 문, 일상의 공간을 위한 문이라고 생각합니다. 우리가 알고 있는 문은 당연히 열고 들어가는 것이죠. 하지만 현실은 여러 가지 상황을 만듭니다. '끌리는 문'이라고도 할 수 있을 것 같은데, 난민이 있기 때문에 만남이 가능하고, 만남 이후 그들의 상황을 이해하게 되기 때문입니다.

그들을 통해 새로운 세계를 만났고, 그렇게 만난 세계는 제 삶을 다채롭게 채워주었습니다. 그 세계를 안다는 것은 단순히 인식하는 데 그치는 게 아니라 그 세계에 대한 책임을 나눈다는 것을 의미합니다. 좀처럼 그칠 줄 모르는 나이지리아와 우간다의 고통, 코트디부아르의 슬픔 앞에서 더이상 외면할 수 없다는 것을, 그곳의 회복을 위해서라면 무엇이든 할 수 있다는 것, 그렇지 않으면 내가 행복할 수 없다는 것을 알았습니다. 그들에게는 선택지라는 것이 없기 때문에 그들에게 '선택지'를 주고 싶습니다.

난민을 생각하면 떠오르는 시나 음악, 그림, 소설, 영화 등이 있으면 추천해주세요. 문화예술을 통해 난민을 만날 수 있는 기회가 될 것 같습니다.

고은지
필립 리오레 감독의 영화 〈웰컴Welcome〉을 추천합니다. 쿠르드족 소년과 프랑스의 난민, 불법이민자의 인권을 둘러싼 현실을 바라보게 하는 영화입니다.

김영아
고은의 시집을 추천합니다. 프랑스 경제학자 자크 아탈리의 책들도요.

류은지
시인 정현종의 「방문객」입니다. 방문객은 방문객을 '환대'하는 태도에서 모든 여정을 지나오느라 수고했다, 당신이 존재하는 것이 기쁘다, 당신은 당신과 함께하는 모든 이들에게 그런 기쁨의 존재라는 것을 인식하게 합니다. 그렇게 말해주고 받아들일 때 비로소 그 여정의 고단함이 누그러지고 새롭게 살아갈 희망이 생길 거라고 생각합니다. 이 시가 그 역할을 할 수 있을 거라 생각합니다.

"그들을 통해 새로운 세계를 만났고,
그렇게 만난 세계는 제 삶을 다채롭게 채워주었습니다.
그 세계를 안다는 것은 단순히 인식하는 데 그치는 게 아니라
그 세계에 대한 책임을 나눈다는 것을 의미합니다."

동행의 문

김연주 / 재단법인 동천 변호사

Door. 1 당신의 문, 과거: 난민 지원에 대한 신념을 갖게 된 계기와 당시의 사회적인 분위기가 어떠했는지 궁금합니다.

2013년 6월, 아프가니스탄 난민 '자유영혼'씨가 출국 유예 연장일을 3일이나 놓쳐서 어떻게 해야 할지 모르겠다며 저를 찾아왔습니다. 저는 곧바로 '자유영혼'씨와 지하철을 타고 출입국관리소가 있는 양천구청으로 향했습니다. 그는 영어가 서툴고 한국말도 조금밖에 할 줄 몰랐습니다. 그런데 희한하게도 영어를 두려워하는 제가 그와 동행하는 동안 편안함을 느꼈습니다. 지하철을 타고 나란히 서서 가면서 가끔은 아무 말 없이, 어떨 땐 눈을 마주치며 웃고, 한국어를 손짓으로 대신하며 이야기를 나누었습니다. 사무실에서는 통역인을 옆에 두고 소송에 관한 이야기를 나누었는데, 지하철을 타고 함께 보낸 시간 동안 목적 없는 대화를 나눴음에도 불구하고 신기할 만큼 편안하고 저절로 신뢰가 쌓이는 듯했습니다. 오솔길을 따라 출입국관리소를 향하는 그 길이 참 예뻤습니다. 출입국관리소에 다다르자 역시 긴장되더군요. 내가 과연 변호

사로서 이 문제를 잘 해결할 수 있을까, 라는 질문을 반복해서 떠올렸습니다. 그러면서도 그가 본국으로 돌아가면 죽을지도 모른다는 생각에 소름이 끼쳤습니다. 난민이라는 존재가 그토록 절실하게 느껴졌던 적은 없었습니다. 인터뷰나 원고를 통해서 그들의 사연을 보고 들을 때의 안타까움과는 비교할 수 없었습니다. 그날, 지하철을 타고 오솔길을 함께 걸으며 나눈 이야기 속에서 난민이라는 존재를 특별하게 인식할 수 있었습니다.

Door. 2 당신의 문, 현재: 재단법인 동천이라는 공간을 하나의 '문'으로 간주할 때 이 문은 어떤 사람들에게 열려 있나요? 이 문에 들어서면 어떤 이야기가 펼쳐지고 무엇을 만나게 되나요?

난민 사건을 처음 소개해준 장본인이자, 카리스마로 긴장하게 만들다가도 언제나 의지하게 해준 한나씨. 난민주간을 거치면서 무한한 에너지와 깊은 생각과 고민, 열정을 느끼게 해준 난민인권센터의 활동가들. 차분한 목소리로 사건마다 몰입해 일하는 코디 김다애씨, 난민이라는 이 열정적인 판에 저를 숨 쉬게 해준 김진씨, 일본이라는 낯선 땅에서 국제회의를 하면서 난민 판을 소중하게 여기고, 계속 여기에 남고 싶다고 만들어준 네트워크 사람들. 모든 순간이 설레였고 고마운 친구들이었습니다. 난민 판의 극소수였던 남자 활동가들. 만나면 만날수록 그들이 가진 깊이와 경험으로 존경심이 절로 들었던 난민계의 거장 4인방. 난민공동체 식구들로 인해 참 좋은 경험을 했고, 난민에 대해 자연스럽게 다가갈 수 있었습니다.

Door. 3 당신의 문, 미래: 가까운 미래에 어떤 '문'을 만들고 싶은가요? 앞으로 열게 될 '문'을 위해 필요한 것은 무엇일까요?

지금 있는 공간과 나의 문이 조금은 일 중심이고, 사무적이고, 공적인 것이라면 결혼을 하고 가정을 이룬 후부터는 마음이 좀더 앞서게 되었습니다. 현장에 다가가 몸을 부대끼며 사람을 만나고 스트레스도 받으면서, 만나는 사람들의 삶을 더 이해하고 공감하며 살고 싶어졌습니다. 새로운 것을 추구하기보다 가까이 있는 것들의 소중함을 느끼면서 충실하게 살고 싶습니다. 그 과정에 설렘이 있다면 바랄 나위가 없을 것 같습니다. 약간 빛이 바랜, 그래서 더 예쁜 살구와 복숭아의 색깔처럼 말입니다.

"지하철을 타고 오솔길을 함께 걸으며 나눈 이야기 속에서
난민이라는 존재를 특별하게 인식할 수 있었습니다."

공존의 문

고은지 / 난민인권센터 난센지기

컬러로 자신을 표현해주세요.

　분노의 빨간색입니다. 일본인도 한국인도 아닌 '나'라는 색을 이야기하고 싶습니다. 분노의 색이라고 한 이유는 공통의 색을 배제하고 없애려고 하는 것이 오히려 나를 분노하게 하지만 이 감정은 제가 일을 해나가는 원동력이 되기도 합니다.

　부모님이 일본에서 유학하던 시절에 태어나서 어렸을 때부터 스스로를 일본인이라고 생각해왔습니다. 그러다 한국으로 돌아왔을 때 저는 완벽한 이방인이었습니다. 언어가 다르다는 것 때문이기도 했지만 또래들 사이에서 존재하던 일본에 대한 부정적인 시각이 저를 분노의 대상으로 만든 것입니다. 그때부터 '나는 일본인이면 안되나? 난 한국 사람인가?' 하고 질문을 던지기 시작했습니다. 도대체 왜 그것 때문에 나를 떳떳이 밝히지 못하고 숨겨야 하는지 이해할 수 없었습니다. 출생지를 써야 할 때 거짓으로 쓴 적도 있었습니다.

　여행을 할 때에도, 누군가 어디에서 왔냐고 하면 삐딱하게 '지구에서 왔습니다'라고 대답하기도 했습니다.

누군가를 알아가는 과정에서 그 사람 자체를 알려고 하지 않고 출신지를 중요하게 생각하는지 도무지 이해가 되지 않았습니다. 이런 것들이 제 안에 내재되어갔고, 정체성에 대한 고민을 했습니다. 스무 살 즈음 방글라데시에서 깡마른 할아버지들이 힘겹게 인력거를 끄는 모습을 보고 적지 않은 충격을 받았습니다. 선택할 수 없는 상황에 있는 삶을 보면서 한국인으로서 많은 것을 누리고 살아가는 내가 더 나은 세상을 위해서 무언가 해야 한다는 책임감을 느끼게 되었습니다. 그 시점에 떠난 인도 여행에서 티베트 난민촌을 방문하게 되었는데 박물관에서 그들이 지금 이런 상황에 처하게 될 수밖에 없었던 이유를 알게 되었습니다. 그 여행은 어렸을 때의 경험을 끄집어내게 했습니다. 그리고 내 자신의 모습을 돌아보게 했습니다. 인간이 이럴 수밖에 없는 존재인가 하는 생각을 시작으로 아직까지도 삶에 대해서, 어디에서 왔고 어디로 가는 것인지에 대해서 고민을 하고 있습니다. 아직까지도 분노가 해소되지 않았기 때문에 무언가 답을 찾아야만 저에 대한 정의를 내릴 수 있을 것 같습니다.

한국으로 오게 된 여정에 대해 듣고 싶습니다.

국적이랑 상관이 있는 것 같습니다. 개인적인 배경에 대해 이야기하자면 일본에서 제 이름 은지는 일본어로 '똥'이라는 뜻을 가지고 있습니다. 그걸로 놀림을 받았었고, 한국에서는 일본에서 왔다는 것으로 놀림을 받았습니다. 저항하는 것이 사실상 어려웠고, 한국에서는 엄마와 함께 살고 있지 않았기 때문에 저 혼자만의 고민으로 가지고 있었습니다. 그래서인지 분노 해결이 잘 되지 않던 것 같습니다. 우리 주변의 다양한 색이 다양한 사람들을 의미하는 것처럼, 그 속에 제가 있을 뿐이지 내가 어디에서 왔는지는 중요하지 않다고 생각합니다.

저는 '어디서 왔니'라는 질문이 싫고 그걸 묻는 이들에게도 그런 질문이 중요하다고 생각하지 않습니다. 국적으로 말할 수 없는 그 사람 자체, 지금 당신들과 함께하고 있는 내가 나야, 라고 생각합니다.

한국에서의 삶을 컬러와 연결시켜 들려주세요.

라티프의 가능성과 무한 잠재력이 내재된 보라색은 그가 고민을 털어놓고 싶은 사람, 무진장 순수한 사람이라는 것을 상징합니다. 라티프의 눈동자와 그가 하는 말 그리고 제스처를 통해서 라티프만의 특별한 여정 자체가 하나의 가능성이라는 것을 느끼게 됩니다. 정말 대단한 사람이라는 생각이 듭니다. 어려운 상황을 겪어내면서도 자기의 소신을 꺾지 않고 견뎌 온 것을 보면 말입니다. 어렸을 때 남북전쟁으로 여성들의 강간이나 아동살해를 보면서 자랐지만 그는 글로써 비폭력운동을 하고 고문을 감내하면서 지금까지도 그 소신을 지켜오고 있습니다. 그런 잠재력을 가지고 있는 사람이기에 스스로를 지탱하고 있는 것 같습니다.

알민의 마음을 뜻하는 핑크색은 어려운 상황에서도 마음을 놓을 수 있도록 사람의 마음을 헤아리는 사람들을 나타냅니다. 알민 씨가 저에게 준 핑크색에 영감을 받았습니다. 핑크색을 주어야 하는 사람은 그가 아니라 저라는 생각을 했습니다. 화성보호소에서 병원 치료를 위해서 3개월 만에 외출하게 되었는데 그 기간 동안 병원이나 기타 지원 문제 등을 빨리 해결해 드리지 못해 미안한 마음이 있었습니다. 그럼에도 저를 원망하거나 재촉하지 않고 오히려 저에게 천천히 하라고, 괜찮다고 해준 것이 더 미안했고 고마운 마음이 들었습니다.

T마스의 침묵을 상징하는 갈색은 그동안 이어져 왔던, 이어져 갈, 계속 이어져 갈 삶을 이야기합니다. 이 야기가 담긴 색이죠. 자유와 꿈 그리고 생명을 찾아온 한국에서 어려운 상황에 처할 수밖에 없었던 것이 너무나 미안한 그 마음을 대신하는 색입니다.

당신의 미래는 어떤 컬러인가요?

인간으로 태어나서 원하는 곳에서 사랑하는 사람과 맛있는 것을 먹고, 하고 싶은 걸 하며 사는 세상을 그려봅니다. 어느 나라에서 태어났든지 간에 원하는 곳에서 그 지역의 사람들과 어울려 사는 세상 말입니다. 〈난센여권〉이 이러한 상상을 현실로 이루어지도록 할 수 있을 거

라 생각합니다. 그러면 더이상 '제3국에서 태어났기 때문에 다른 나라의 비자를 받을 수 없었어요'라고 말하는 일이 없을 것입니다. 비자 시스템의 사각지대도 없을 테고요. 마치 오늘날 세계여권처럼 국경, 경계가 없는 여권이 될 것입니다. 그렇게 된다면 이 세계가 나의 땅이자, 내가 자라온 고향이며 살아갈 터전이 되겠지요. 지금도 일어나고 있는, 보이지 않는 또는 명백히 보이는 제국주의를 붕괴하고 우리가 똑같은 인간이라는 점을 다시 상기하게 할 것입니다. 언제부턴가 정상과 비정상으로 구분되었던 것들을 거부하고 해체시킬 거라고 생각합니다. 반짝반짝 빛나는 〈난센여권〉은 지구상에 살아 숨 쉬는 모든 존재를 이야기해줄 수 있을 것입니다. 설령 좁혀지지 않는 간극이 있다 하더라도 〈난센여권〉으로 우리는 공존하고 있다는 것을 느낄 수 있기를 바랍니다. 그때가 오면 다 같이 신나게 춤을 추고 노래를 부르면서 마음을 나눌 것입니다. 〈난센여권〉은 하나의 상징이 될 수 있을 것입니다.

슈퍼 지구에 또다른 행성 1, 2에 살아 있는 그 누군가와도 이 반짝거리는 것으로 그 이야기를 할 수 있다면 그들과 끝이 없는 논쟁과 이야기들을 나누고 싶습니

"라티프의 눈동자와 그가 하는 말

그리고 제스처를 통해서

라티프만의 특별한 여정 자체가

하나의 가능성이라는 것을 느끼게 됩니다."

다. 그리고 그 한 존재, 존재들로부터 사랑받으면서, 내가
그 존재들을 기억하듯이 그들에게 잊히는 사람이고 싶지
는 않습니다. 〈난센여권〉으로 해결해나갈 문제 그리고 나
의 어렸을 적의 분노를 내려놓고 탐험하는 미래를, 탐험
가 고은지를 꿈꿔봅니다.

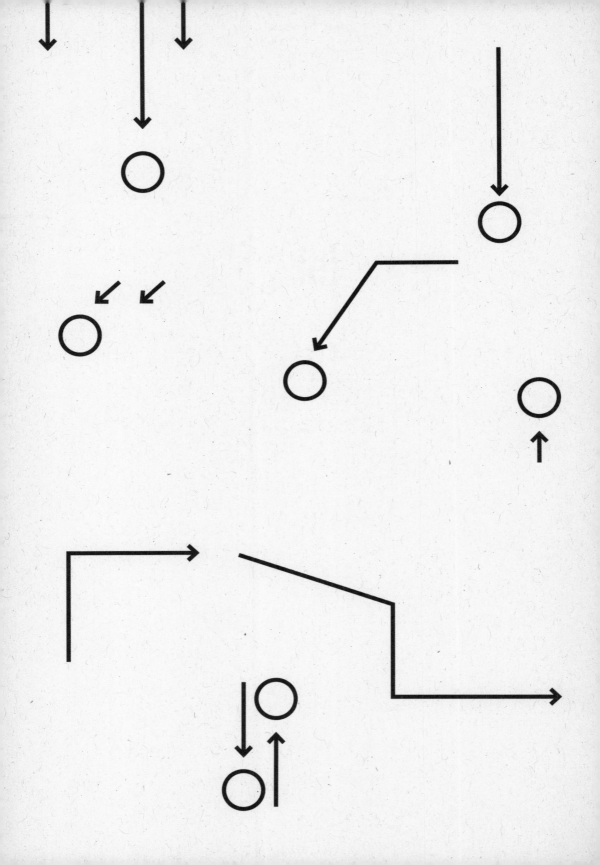

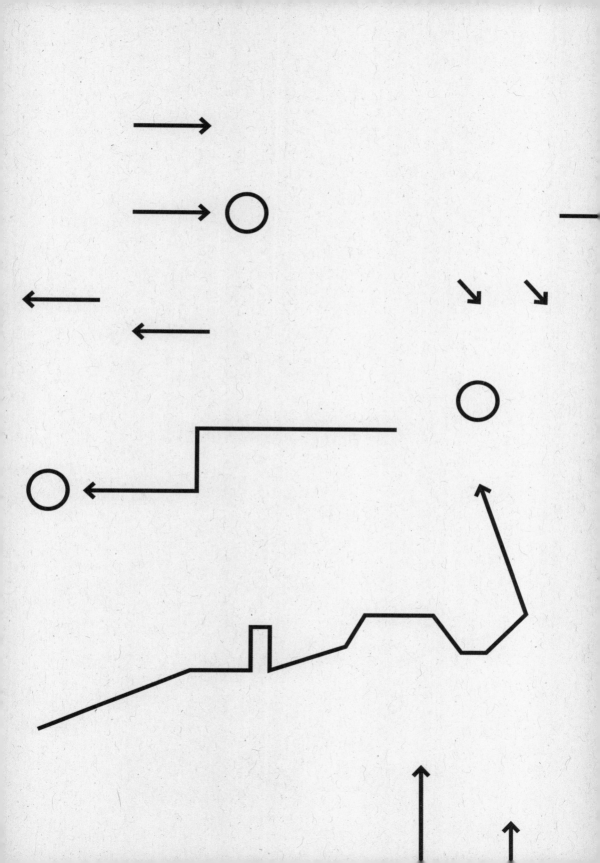

Text

문을 닫으며

점과 점을 이으며 시작한 여정

최장원 / 건축가, 〈난센여권〉 기획자

"내 과거에 놓인 다리를 헐어버린다. 그러면 선택의 여지가
없어 계속 앞으로 나아가야 할 것이다."

− 프리드쇼프 난센 −

2013년 여름, 새로운 여정을 준비하다

플랜Plan이란 단어에는 여러 가지 뜻이 있다. 계획, 방침, 지도, 설계도…… 머릿속에 맴돌던 막연한 생각은 종이 위에서 대륙 횡단을 하듯 2절지 종이 위를 넘나든다. 작업실 한편에 하나의 점에서 나뭇가지처럼 뻗어나간 다이어그램이 보인다. 건축가에게 플랜은 2차원적인 도면을 말한다. 위에서 내려다본 설계도는 각 층의 방들이 배치된 모습과 연결을 한눈에 볼 수 있다. 탐험가의 플랜은 더 입체적이다. 시간의 흐름인 '여정'이 있어야 하고, 여정의 목표와 고민의 시작점이 있다.

만약, 건축가가 탐험가의 정신으로 프로젝트를 수행한다면 어떠할까? 2차원적인 도면에서 벗어나 3차원적인 공간 그리고 세상의 사람들의 기억과 만날 수 있는 단계로 확장시켜보는 것이다. 그렇게 내가 만나보지 못한 '미지의 세계'로 발을 내딛는 흥분을 어떻게 기록해나갈 것인지에 대한 즐거운 고민이 시작됐다. 나는 건축가의 역할을 기존의 건물을 짓는 일에 한정하기보다 이전에 없는 새로운 작업들을 포함하며 역할 범위를 확장시키고자 한다.

좌표

북위 78°50', 동경 133°37" '북위 84°4',
동경 102°27" '북위 86°14'

1895년, 탐험가 난센이 이동한 북극점 위의 점들이다. 탐험가의 역할은 문을 여는 일이다. 그들은 앞에 놓인 문 너머의 세상을 궁금해하고, 앞장서서 나아간다. 문 뒤에 숨겨진 세계가 기대 이상의 것인지 아닌지는 탐험가들에게 중요치 않을 수 있다. 문을 여는 과정과 행위

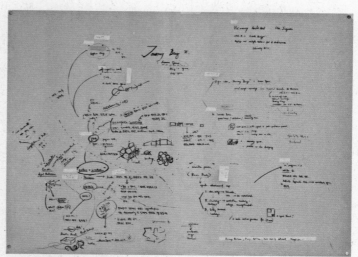

최장원, 〈Journey Map II〉, 2013. 8. 2.

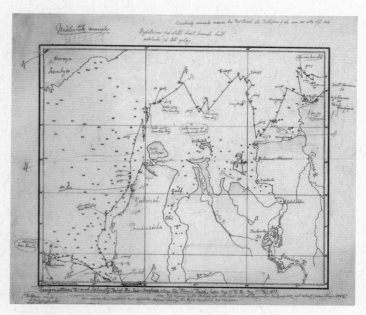

프리드쇼프 난센, Norwegian North Polar Expedition, 1893-1896
북극 탐험 기간 동안 카라해 (노바야젬라 Novaya Zemlya 섬과 러시아 연방 북부 사이에 있는 북극해의 한 줄기)를 여정했던 프람호의 좌표를 보여준다.

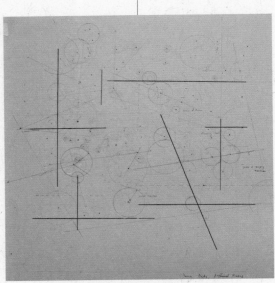

최장원, 〈Same Dots, Different Rooms〉, 2013

자체에 의미가 있기 때문이다. 그들의 경로는 뒤따를 사람들을 위한 선구자적 걸음이 된다.

또다른 작은 점, 난민

지난 6월에 마친 〈방으로의 여행〉 전시에서부터 시작해본다. 〈방으로의 여행〉을 통해서 얻은 것은 답이 아닌, 또다른 질문들이었다. 〈Same Dots, Different Rooms〉이라는 작품을 통해서 나는 점들이 만드는 다양한 방의 모습을 통해 완성된 지도가 아닌, '점'들이 지속적으로 변화시키는 공간을 상상해보았다. 이 점들의 주인공은 우리 모두가 될 수 있다. 〈난센여권〉 워크숍을 통해서 난민의 존재와 그들의 이야기와 기억이 좌표로 기록될 수 있는 공간들을 만들고 싶었다. 그들과 우리의 관계, 그들을 만날 수 있는 〈세계로 통하는 문〉을 상상해본다.

Art is a Language, Art is a Village

'Art is a Language, Art is a Village'는 워크숍 기간 중 만난 라티프라는 친구가 한 말이다. 서로 말이 통하지 않아도 소통의 가능성이 있고, 생각과 시간을 함께 나눌 수 있다는 '예술의 본질'을 생각하게 한다. 그의 말처럼 물리적 공간이 아니더라도 이야기를 나누는 방, 함께 그리는 종이 위는 하나의 공간이 된다. 그들은 잘 갖춰진 수용소 시설이 필요한 것이 아니라, 이야기를 함께 나눌 수 있는 친구들과 공간이 필요한 것이다.

2013년 8~9월에 진행된 사전 워크숍을 통해서 난민에게 다양한 예술가들의 '문'을 소개했다. 손잡이가 여러 개인 문, 문을 열어도 또다시 나타나는 문, 출입국관리소라는 거대한 덩어리의 문 등이 있었다. 집과 감옥의 가장 큰 차이는 문을 자신이 열고 닫을 수 있는가, 라는 자유에 기초한다. 공간을 뛰어넘는 문이 있다면, 이를테면 사람과 사람, 점과 점을 이어주는 그런 문은 어떤 모습일까? 모든 방은 문을 통해 연결된다. 많은 영화와 소설에서 상투적으로 선택의 순간마다 '문'이 등장한다. 그만큼 우리 삶에서 필수적인, 마치 공기처럼 그 존재의 중요성을 잊고 산다는 것을 반증할 수 있을 것이다. 다시 강조하자면 예술은 주체적인 것이며, 건축 또한 인간을 위해 존재하는 공간이 되어야 한다.

〈난센여권〉 워크숍, 점과 컬러를 잇다

2013년 5월부터 지금까지 서울에서 많은 점들을 만났다. 물리적인 점에는 색깔도 없고 무게, 부피도 없다. 수많은 점들을 수면 위로 끌어올리는 방법은 점들을 선의 형태로 가시화하는 것이다. 그들의 여정과 이야기를 들으면서, 그 점의 과거에 접속하여 점의 발자취를 함께 따라가보는 것이다. 그리고 여기에 머무는 것이 아니라. 앞으로 난민이란 존재의 점이 나아갈 방향, 멈춰진 희미한 상태의 점이 아닌, 크기와 진행방향을 가진 벡터Vector로 보는 것이다. 그때, 그들은 더이상 점이 아닌 존재가 된다. 이 점들이 이어져 서로 연계한고 이어질 수 있는 장소와 시간들이 생겨나는데, 이것이 〈난센여권〉 워크숍이다.

〈난센여권〉 워크숍을 통해서 아프리카, 중동, 아시아의 11개국에서 온 17명의 난민을 만났다. 지난해 법무부에서 발표한 통계자료를 보면 난민 신청이 시작된 1994년부터 지난 5월까지 신청자 4천516명 가운데 294명만이 난민으로 인정받았음을 알 수 있다. 난민 인정율은 6.5퍼센트에 그친다. 우리가 만난 17명의 난민은 비록 적은 숫자이지만 그들로 하여금 우리 주변에 돌아봐야 할 곳이 있다는 작은 '신호'를 줄 수 있다고 믿었다. 또 어둠 속에서 작은 빛을 내는 반짝이는 존재들이 있다는 걸 알릴 수 있을 것이라 기대했다. 난민과 소통하면서 잊고 지냈던 기억과 감각이 깨어났던 것처럼 말이다. 동시대 다른 공간에 살던 사람들이 모여 함께 나눈 이야기는 방대한 인류의 서사시처럼 우리에게 다가올 것이다.

우리가 함께 머무는 장소에는 질문의 문이 있다. 이 문을 통해서 난민들의 컬러를 만날 수 있다. 시작은 카페 혹은 그들의 거실에 앉아서 이야기를 시작하지만 어느 순간 우리는 미얀마(버마)의 치타공 산자락의 푸른 숲에 가 있기도 하고, 다른 문을 통해 밝은 노란빛 태양이 비추는 에티오피아의 산 속을 오르락내리락 하는 풍경을 보기도 한다. 밖으로 나가 하늘을 비추는 맑은 물과 하늘로 뻗은 푸른 나무들을 마주하기도 한다. 그들의 음식문화, 사라지는 노래와 말과 글을 마주하면서 인간적인 자유와 믿음을 찾는 힘든 여정 속의 고유한 컬러도 알게 되었다.

그들의 '과거-현재-미래'를 연결하는 여정이 지도 위에 기록된다. 이 지도는 각각 개인의 인터뷰 카드에 담겨져서 자신의 이야기와 컬러로 함께 채워진 작은 공간을 가지게 된다. 워크숍에 참가한 난민들은 언제든 워크숍 장소에 방문하여, 자신이 직접 촬영한 사진과 컬러에 대한 한 문장으로 그들의 이야기를 텃밭처럼 가꿔나간다. 많은 사람들의 관심과 공감을 양분으로 삼아, 그들의 열매가 찬란한 색과 빛을 머금길 기대한다.

기억과 감각의 자리에 열린 미지의 문

〈난센여권〉 워크숍은 기억 속의 '나'와 미

프리드쇼프 난센, 노르웨이의 북극탐 Frontispiece from In Northern Mists, 1912

래의 '나'를 연결해주는 징검다리와 같다. 〈난센여권〉 워크숍은 우리 모두의 삶의 모습이며, 여정이다. '기억'과 '감각'은 밀접한 관계에 있어 보지 않고, 만지지 않고, 느끼지 않으면 점점 멀어진다. 마치 우주의 별처럼. 〈난센여권〉 워크숍은 작은 점들이 흩어져 사라지지 않고 서로 관계를 맺고 새로운 별자리를 만들도록 도와주는 아주 작은 도구이다. 각각의 점들은 이야기 문이 하나씩 열리면서 다양한 컬러를 만난다. 검은 점에서 시작해서 하나 또는 여러 개의 컬러를 가지는데, 그 컬러 점들이 모여 빛을 낸다.

〈난센여권〉 워크숍의 시작은 북극으로 향하는 탐험가 난센의 첫걸음과 같다. 우리 모두에게 보이지 않는 미지의 세계가 있음을 알려줄 뿐이다. 이들의 이야기가 지도 위에 빼곡히 채워지고 나면 우리가 느낄 수 있는 감각으로 한 뼘 다가올 것이다. 이것이 2013년 서울

에서 만난 난민들의 모습이고 문화이다. 이들의 정체성이 살아나면서 동시에 잊혔던 우리의 감각도 살아나길 바란다. 어두운 도시, 서울의 밤하늘에 컬러로 채워진 북극광 Northern Lights[1]을 꿈꾸며, 난민과 함께한 우리의 여정과 이야기를 여러분께 소개한다.

---

1) 이 현상은 1초에 1000킬로미터의 속도로 확산되는 플라스마의 흐름인 태양풍과 지구 자기장 사이에 일어나는 상호작용의 결과이다. 핀란드에는 북극광의 기원에 관한 설화로 북극 여우가 눈밭을 달릴 때 꼬리로 하늘에 불꽃을 던져 올리자 오로라가 되었다는 이야기가 가장 유명하다.

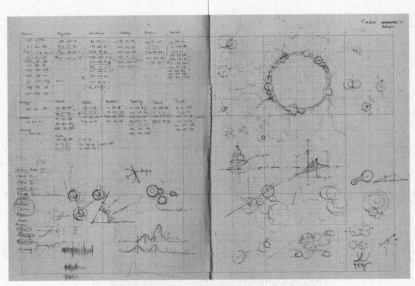

최장원, 〈우리가 만난 세계의 문〉, 컬러 종이 위 연필 드로잉, 2013

1.

우리 안에는 컬러 DNA가 있습니다. 처음에는 잘 보이지 않지만, 주변이 어두워지고 빛과 반응하면 희미하게 울리게 됩니다. 빛의 울림, 우리는 그것을 파동이라고 부릅니다.

컬러의 파동은 R.G.B의 형태로 구분하지만, 사실 그 경계는 명확하지 않습니다. 우리는 다만 그들을 수치화하여 주소화Address할 뿐입니다. 컬러의 영역이 점점 넓어지면, 이내 곧하나가 되고 밝은 빛의 점이 완성됩니다. 이 빛의 점은 끝이 아닌 확산을 위한 준비입니다. 이제 우리 안의 점은 더이상 가둬진 작은 점이 아닙니다. 에너지가 발산될 넓은 캔버스는 우주와 같습니다. 빛을 내는 별들의 자취는 점에서 선으로 남게 됩니다.

2.

좀더 자세히 보면 이 점들의 경계에는 수많은 문들이 있습니다. 바람이 바람개비를 움직이듯, 이 회전문은 점 내부와 외부의 공기를 서로 섞이게 합니다. 밝은 빛의 에너지는 이 회전문을 통해서 밖으로 나아가고 제자리에 멈추기를 반복합니다. 이런 얇은 막으로 이루어진 공간은 빛으로 충만한 '중립영역'의 하나의 타입입니다.

컬러는 더이상 중요하지 않습니다. 다양한 스펙트럼의 컬러들이 만난다는 것은 그만큼 반응이 활발하고 에너지가 충만하다는 것을 보여줍니다. 이렇게 컬러 DNA는 진화합니다.

3.

컬러를 가진 점들은 중립영역을 부유합니다. 그들이 기억하는 컬러는 절대적인 의미를 가지지 않습니다. 중립영역에 들어온 시점과 그 이유, 그들의 동선에 따라 달리 해석될 수 있습니다.

　이들의 컬러가 모이는 중립영역은 안정
되고 멈춰진 곳이 아닌, 지속적으로 움직이고
변화하는 혈관 속 세포와 같습니다. 필요한 에
너지와 양분을 교환하듯 서로의 컬러는 영향을
주고 받습니다.

　홀로 완성되는 컬러는 존재하지 않습니
다. 끊임없이 움직이고 반응하는 컬러는 하나
의 큰 흐름을 만들어내며, 순식간에 흩어지기
도 합니다. 중립영역은 이런 컬러들을 기다리
는 플랫폼입니다. 우리가 상상할 수 있는 그 이
상의 컬러들이 있으며, 지금 이순간에도 만들
어지고 있습니다.

컬러 캠프 = 중립지대

한주예 / 작가

컬러 캠프를 시작하기 전, 몇 번의 단체장과 난민들과의 인터뷰를 진행하면서 한 가지 공통점을 발견했다. 인터뷰 말미에 팬톤 컬러 카드를 펼쳐보이고 컬러로 대신 답을 해달라고 요청했는데 대부분이 당황해 하거나 수줍게 웃었다. 노래를 부르기도 하고 그림을 그리기도 하면서 진행된 인터뷰를 마무리하면서 그들이 한 공통된 짧은 한마디는 "그림을 못 그리는데…… 미술을 제일 못했는데……"였다. 황당하기도 했겠지만 이내 아이들 놀이에 초대된 것처럼 하나씩 카드를 골라 대답해주었다. 컬러로 대답하는 질문이 끝나면, 낯선 방식의 인터뷰에 당황을 숨기지는 못했지만 새로운 경험이었다는 즐거움 또한 표현해주었다.

우리는 각기 다른 메시지를 들으면서 로넬의 고향에 마치 가본 것처럼 연둣빛 아침을 떠올려보기도 하고, 황필규 변호사가 꿈꾸는 충분히 넓고 푸른 세상을 그려보기도 하고, 이호택 대표의 '새싹송'에 웃음이 터지기도 했지만 누구에게나 새롭게 피어나는 새싹이 있다는 희망에 즐거웠다. 욤비와의 인터뷰는 기억에 오래 남는다. 그는 즐기면서 컬러 카드를 고르고 자신이 고른 컬러에 대해 설명할 때는 마치 작가가 작품을 설명하는 것 같았는데, 듣는 동안 그림, 영상 또는 설치 작품을 보고 있는 듯한 생생함을 느꼈다. 어둠으로 덮여 있는 콩고를 향해 멀리서 플래시 라이트를 비추고 있는 욤비와의 인터뷰는 언제든 돌아가서 작은 불빛이 되어 콩고를 변화시키는 일을 할 것이라는 비전을 나누었다. 욤비와의 인터뷰 이후, 컬러 인터뷰는 컬러 캠프로 진화되어 언어가 다르고 문화와 추억이 각기 다른 난민들을 초대하여 진행하게 되었다.

처음으로 만났던 에티오피아에서 온 네 명의 친구들과 진행한 컬러 캠프는 시종 깔깔거리면서 즐겁게 놀이처럼 진행되었다. 어두웠던 고향에서의 기억을 떠올릴 때조차 옛일을 추억하듯, 하지만 지금은 안전하다는 안도의 웃음으로 이내 더 나은 인생을 꿈꾸는 화사한 컬러들로 마무리했다. 영어도 서툴고 한국말은 겨우 이름을 쓰는 정도이지만 색종이를 들고 이야기할 때면 신기하게도 충분히 공감할 수 있었고, 무엇을 말하려 하는지도 어렵지 않게 이해할 수 있었다. 같은 컬러를 선택하더라도 저마다 이유도 다 다르고 때로는 상반되는 의미에서 선택된 것을 보면서 놀라기도 했다.

예를 들면, 다수의 사람들이 하늘색을 자유와 희망, 밝고 맑은 평화의 색으로 이야기했지만 마리아에게 하늘색은 화창하다가도 언제 비가 올지, 천둥 번개가 칠지, 언제 어떤 변덕을 부릴지 모르는 불안한 하늘이었다. 또 빨간색은 경고, 전쟁, 차별, 감금, 억압, 생존의 위협 등을 상징한다고들 했지만, 텐진 델렉(민수)은 나라를 잃은 티베트 민족의 2세대로서 3세대에게 잊지 않고 전해주어야 할 혈통을 의미했고, 행복한 커삭에게는 사랑, 기쁨, 행복을 의미했다. 핑크색은 희망, 행복한 미래의 의미로 보였지만 치열하고 각박한 삶을 포장하는 위장, 겉치레의 의미로 보기도 했다. 사람에게 분홍색을 붙여준 경우도 있다. 알민은 활동가 고은지씨에게 아름다운 사람, 잘 웃는 사람의 의미로, 고은지씨는 알민에게 배려하고 헤아려주는 사람이라는 의미로 말이다. 보라색은 슬픔, 애도, 암울함의 보라를 의미하기도 했으며, 누군가는 가능성이 많은 잠재력 그리고 좋은 시절의 친구들을 떠올리는 추억 또는 미래에 꿈

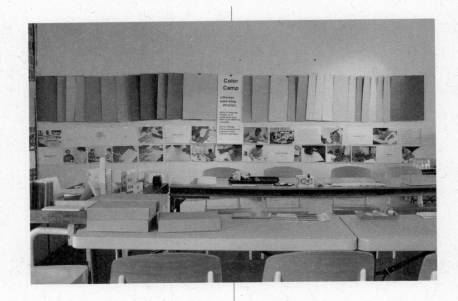

꾸는 서점의 간판에 칠할 색으로 선택의 이유를 밝히기도 했다. 크게 상반되는 이유 없이 공통의 의미를 가졌던 초록색은 생명의 근원, 싱싱한 푸른 채소, 산소를 생성하고 쉴 수 있는 그늘을 만들어주는, 뿌리가 깊은 나무를 떠올리게 했다. 황량한 고국의 현실에 무성하게 자라날 생명, 희망을 뜻하는 'Growing Green'이라 이름 지었다. 다른 문화를 받아들이고 적응하는 자세로, 부딪히지 않고 통합하는 '그린라이프'의 자세로 살고 있는 욤비는 한국에서의 삶을 상징하는 색으로 초록색을 선택하기도 했다.

컬러 인터뷰는 몇 가지 질문에 따라 컬러를 선택하고 그 이유를 이야기하고 글로 쓰는 과정에 기초하여 진행되었다. 물리적인 이동경로가 아닌 심적 변화와 갈등 끝에 내린 결단의 상황 속에서 자신의 감정과 또다시 마주하게

된 현실의 어려움을 쏟아내는 도구로 '색'이 사용되었다. 그래서 미래의 컬러를 정하고, 미래의 색을 고른 이유를 적다보면 반드시 이루어질 것이라는 생각에 상기되어 맘껏 상상의 그림을 그리기도 했다.

컬러 트립은 각자가 선택한 색깔들을 일상에서 다시 찾아 사진을 찍으며 여행하듯 진행되었다. 그렇게 찍은 사진들을 한 장 한 장 보면 그때의 상황이 상상이 되기도 해서 웃음이 나오기도 한다. 위아래로 흔들린 군인의 뒷모습에선 지하철 안에서 앞에 서있는 사람의 옷 색깔을 찍기 위해 후다닥 찰칵하고 재빠르게 손을 내렸을 상황이 그려지고, 노랑, 분홍, 초록 등으로 바뀌어가는 노래방 네온간판의 불빛을 기다렸다가 노란색을, 핑크색을, 초록색을 찍으면서 한 번에 여러 색을 건졌다고 즐

거워했을 모습도 그려진다. 살 것이 있어서 들른 마트에서 온통 초록색인 야채 진열대 앞에서 노다지를 발견한 양 호박, 오이, 배추, 시금치, 파, 수박 등을 연속 촬영하며 숙제를 거저한 듯한 기쁨을 누렸을 것이다. 온통 회색인 공장인 건물에 유일한 컬러였던 파란 지붕, 파란색 트럭, 파란색 기계들을 찍은 사진을 보며 잠깐 쉬는 시간에도 잊지 않고 셔터를 눌렀을 순간의 여유를 볼 수 있었다. 그들이 어디에 한동안 머물렀는지, 어디를 스쳐 지나갔는지, 무엇 때문에 걷다가 잠깐 멈춰 섰는지도 짐작하게 한다. 숨은 그림을 찾듯이 색깔을 찾았으리라는 생각이 든다. 나 역시도 거리를 걷거나 차창 밖을 바라볼 때 여러 가지 색깔들에 시선이 꽂힌다.

낯선 한국 땅에서 난민 신청서를 내고 기다리는 동안에도 생존을 위해 돈을 벌어야 하는 상황에 있지만, 아이러니하게도 난민 지위를 인정받기 전까지는 취업은 불법행위이다. 참으로 말도 안 되는 그들의 현실 속에서 컬러 트립이 무슨 의미가 있으며 카메라 들고 돌아다니며 사진 찍을 마음의 여유가 어디 있겠냐는 우려도 있었다. 조심스럽게 초대된 그들이 자신의 이야기를 꺼내 쏟아놓을 때 그들의 어깨에 짊어진 무게들이 조금씩 가벼워지는 느낌을 받았다. 라티프가 처음 한국 땅을 밟고 유엔난민기구의 문이 열리기를 기다리면서 둘러본 서울 시내 한복판의 비현실적으로 보였던 가로수들이 이제는 더이상 나쁜 꿈에 나오는 풍경이 아니라 내가 바라보고 있는 같은 나무, 같은 거리, 같은 하늘처럼 자연스러운 주변의 모습들로 바뀌게 되는 과정이 되었으리라 믿는다. 몇 번의 왕래를 통해 낯선 땅, 환영해주지 않을 것 같았던 사람들에 대한 거리가 좁혀지는 것 같다. 이제는 연락 없이도 가끔씩 들르기도 하고 감기에 걸렸다고 문자도 보내고 처음 맞이한 눈이 오던 날에 번역기를 통한 듯한 '놀라운 겨울!'과 같은 한마디를 이메일로 보내기도 한다.

컬러 캠프는 앞으로 만나게 될 숱한 고난들을 도전으로 받아들이고 기꺼이 넘어서겠다는 그들의 힘찬 다짐을 들을 수 있는 기회가 되었다. 떠나야만 했던 과거의 장벽보다 더 높은 한국이라는 벽이 조금씩 낮아지도록 시야를 내어주고 길을 내어주는 기간이 되었을 것이라 생각한다.

지금은 할머니나 부모님의 옛날 이야기 정도로 잊혀져가고 있는 우리나라의 일제강점기, 한국전쟁 또는 민주화를 위해 수많은 이들이 희생했던 당시의 상황이 바로 난민들의 현재이다. 1950년에 유엔난민기구가 설립되어 지원을 받기 시작해서, 이제는 유엔총장까지 배출한 한국이다. 난민들에게 희망이자 믿기지 않는 기적의 롤모델이 된 지금, 그들을 대하는 우리의 인식의 문이 좀더 성숙하고 관대하게 활짝 열리기를 희망한다.

앞으로의 컬러 캠프가 어떻게 진화되어야 할지 생각이 많다. 정치적 · 경제적 · 외교적으로 복잡하게 얽히고설킨 국제사회에서 희생되고 있는 수많은 개개인과, 언제고 난민이 될 수 있는 개인들이 순수한 인간의 눈으로 서로를 바라볼 수 있어야 한다. 컬러 캠프가 소통의 도구이자 인간의 존엄이 우선시되는 중립지대의 역할을 할 수 있는 지혜가 필요한 지금이다.

노트: 난센여권

최소연 / 테이크아웃드로잉 디렉터

〈난센여권〉 워크숍은 오래전 난민구제에 힘썼던 탐험가 난센의 이야기를 빌려왔습니다. 동물학, 해양학자이면서 탐험가이기도 한 난센은 제1차 세계대전 이후 시베리아에 수용되어 집에 돌아가지 못하는 전쟁포로, 즉 전쟁난민의 구제에 마음을 쏟아 이들을 집에 돌려보내자는 강연을 시작했습니다. 난센으로 인해 수많은 사람들이 집에 돌아가게 되었다는 부분은 실로 감동적이고 인상적이었습니다. 상식이 있는 한 사람이 만드는 세계에는 놀라운 모험의 여정이 담겨 있습니다. 그후 난센은 난민구제 활동을 하고 국제연맹이사회에서 고등판무관으로 임명되어 전쟁포로 50만 명을 송환하는 일의 책임을 맡기도 했습니다. 1922년 제네바에서는 난민을 위한 신분증명서 도입을 주장한 난센의 제안이 받아들여져 난센의 이름으로 '난센여권'이 만들어졌고, 이 여권으로 난민들이 집에 돌아갈 수 있는 권리를 확보하게 되었습니다. 영화 〈쉰들러 리스트〉에서 쉰들러가 사람들을 구하는 것처럼, 작은 한 사람이 바꾸는 세계가 2013년 서울에서도 작동할까 궁금해졌습니다. 질문 카드 위에 몇 개의 질문을 적습니다. "난센여권이 당시에 어떤 의미가 있었고 우리에게 시사하는 것은 무엇일까?" "만일 당신이 난센이라면 2013년 서울에서 어떤 여권을 어떻게 만들겠는가?"

난센의 이름을 딴 〈난센여권〉 워크숍은 그의 이름과 동음인 난민인권센터에서 출발해, 사람들 그리고 이야기를 만났습니다. 여권이 없는 난민들에게 실재했던 '난센여권' 이야기는 그 자체로 희망이자 예술이었습니다. 어떤 상황에서는 예술이 백마디의 말보다 더 강력하게 난민의 상황을 대변해줄 수도 있습니다. 그런 의도로 〈난센여권〉 워크숍은 예술가들의 작품도 함께 볼 수 있도록 구상했습니다. 〈난센여권〉 워크숍 박스에는 카드 형태로 만들어진 질문과 난센여권, 탐험가 난센, 예술작품들을 담았습니다.

이 프로젝트를 진행하면서 난민을 주제로 만나게 될 사람들이 지나오고 앞으로 나아갈 여정이 좀더 궁금해졌습니다. 과거-현재-미래의 문이라는 세 개의 문에 대한 질문 카드를 준비했습니다. 우리가 드로잉이라고 말하는, 손으로 직접 종이 위에 쓴 메시지들은 그들의 삶의 여정을 압축해놓은 상징적인 문이 됩니다. 손 글씨는 자신의 생각을 몸을 통해 손끝에 컬펜으로 불러오는 마술적 수행과정입니다. 어떤 메시지 카드는 하나의 공간을 창조하고 그의 이야기를 그의 필체와 그 필체에 담긴 기운으

로 기억하게 합니다.

〈난센여권〉 워크숍은 탐험가의 모험처럼 난민들을 만나고 직접 그들의 언어를 듣는 여정이었습니다. 그렇게 우리가 만난 세계는 카메룬에서부터 남수단, 에티오피아, 우간다, 쿠르드족(이라크), 이란, 줌머족(방글라데시), 미얀마 그리고 티베트까지였지만, 그들이 상징하는 이 세계의 난제는 지구의 모든 곳과 관련된 많은 문제를 내포하고 있었습니다. 믿기지 않는 내전의 현장인 아프리카를 만났고, 소수민족 이야기를 통해 폭력과 부가 공존하며 재편되는 세계를 목격했습니다. 그런 과정에서 우리가 누리는 편리함이 그 모든 것과 관련이 있다는 자각이 들었습니다. 『세계화의 불편한 진실』을 읽고 『세계경제의 지배자들』의 다이어그램을 들여다봅니다. 『세계분쟁지도』를 펼치고

평화를 유지하기 위한 분투에도 불구하고 끊이지 않는 전쟁으로 구획되고 획득되는 영토를 봅니다. 한국에 있는 난민은 하나의 사인입니다. 세계 어딘가에서 우리가 알아야 하는 무언가 불편한 진실을 상징합니다. 우리가 만난 콩고 난민 욤비 토나의 탈출 여정과 그가 갖고 있는 비전은 그래서 모두 함께 지켜봐야 하는 의미를 갖습니다.

현재 난민이 수용국에 미치는 영향에 대한 연구가 다양한 분야에서 진행중입니다. 우리에게 난민에 대한 정책이 부재한 것은 아직은 그들을 수용할 단계가 아니라는, 그들이 우리사회에 미치는 영향에 대해 기대하는 것보다는 우려의 시선이 훨씬 더 크다는 것을 상징합니다. 이런 난민 수용 유보 내지는 거부의 제스처의 움직임에도 불구하고 한국을 유일한 탈출구로 삼아 목적지로 찾는 난민이 있습니다. 그들의 정착과정에서 파생되는 비인권적인 처우는 우리 모두에게 기억될 것이며, 본의 아니게 이들을 부당하게 대우하게 된 형국이 되어버린 우리에게 부메랑으로 돌아올 것입니다.

지역주민들의 반대로 영종도 난민지원센터가 완공되고도 오픈을 못하고 있다는 소식을 기사를 통해 접합니다. 영종도 난민지원센터 조감도를 보니 거주시설 외에 별다른 공간이 없습니다. 수용소와 다를 바 없어 보입니다. 120억 원의 예산 대부분이 건물 건립에 사용되었다는 것을 보니 정작 난민 지원을 위해 필요한 프로그램은 다음해가 되어야 진행될 예정인 듯합니다. 그 공백 기간 동안 난민들은 이곳에서 무엇을 하는 것일까요? 천막을 친 피난처일지라도 난민지원센터라면 그들의 생존과 정착을 위한 프로그램이 우선되어야 하는 건 아닌지 생각해봅니다.

　한국에는 현재 5천명 정도의 난민이 있다고 합니다. 난민은 어떤 국가로 부터 '박해'를 받고 타국으로 이주해 난민을 신청하는 사람들로, 다시 고국에 돌아가면 큰 박해를 받는 것이 증명이 되어야 한국정부로부터 난민 인정을 받을 수 있습니다. 난민 인정을 받는다는 것은 취업, 학업 등 본인이 체류를 희망하고자 하는 순간까지 합법적으로 모든 활동을 할 수 있다는 것을 의미한다고 합니다. 욤비는 난민 인정을 받고서야 콩고에 있는 아내와 아이들을 불러올 수 있었습니다. 자그마치 6년이 걸렸습니다. 난민 신청부터 난민 인정 비자를 받기까지 통상 1년 6개월의 시간이 소요됩니다. 그 기간 동안 국가나 NGO 등의 도움 없이 생존할 가능성

은 얼마나 될까요? 운이 좋으면 난민지원센터 같은 곳에서 쉼터를 소개받아 임시숙소에 살며 임시 긴급구호기금을 대출받아 생활할 수 있습니다. 물론 일자리가 생기면 갚아야 하는 돈입니다. 그러나 난민으로 인정되기 전에 노동을 하면 불법이고, 그렇게 되면 난민 지위를 받을 수 없을 뿐 아니라 추방, 즉 강제송환 대상이 됩니다.

　이 책에 소개된 라티프는 남수단으로부터 탈출한 난민입니다. 그는 수단에서 일어나는 동족간의 살인과 강간 등을 도저히 감당할 수 없었기 때문에 자신의 종교, 무슬림에 의심을 가지게 되었다고 합니다. 무슬림이 아닌 다른 종교, 기독교로 개종을 했다는 것은 그가 수단에 다시 돌아갈 수 없는 결정적 이유가 됩니다. 고문과 감금을 못 견디고 수단과 가까운 위

치에 있는 에티오피아로 탈출했으나 다시 잡
혀왔고, 무슬림 아닌 종교로 개종을 하면 사형
을 당해도 좋다는 강제서약서에 사인을 하고
서야 풀려날 수 있었습니다. 이 서약은 「세계
인권법」에 위배되는 내용입니다. 그는 다시 탈
출을 결심했고 이윽고 도착한 한국에서 기독
교인으로 살기를 희망하지만 어떻게 살아가야
하는지 아직 잘 알지 못합니다. 그래서 그의 미
래 카드는 아직 유보상태에 있습니다. 같이 산
행을 하고 함께 교회 주방봉사를 하면서 또다
른 서울을 봅니다. 그들의 눈으로 서울을 보면
이곳은 가능성의 땅입니다. 별 볼일 없어보이
는 정치도 정책도 그들이 보기엔 민주화 과정
을 거친 진화된 그들의 미래입니다. 미디어의
편파보도나 권력의 이중성의 한편에서 굴하지
않는 시민들이 있다는 것 그리고 학살이나 감
금 없이 거리를 활보할 수 있다는 것이 자유를

찾아온 이들의 눈에 다시 보이는 서울입니다.

지난 8월부터 시작한 〈난센여권〉 워크숍
을 통해 조금 더 적극적으로 라티프와 같은 처
지에 있는 분들을 많이 만났습니다. 난민 지원
관련 단체장들을 만나고, 인터뷰하고 난민들과
예술 워크숍 '컬러 캠프'를 진행했습니다. 컬러
캠프에서 컬러는 언어가 되어 기억을 끄집어내
는 도구가 됩니다. 친구의 컬러를 기억해주는
것에서 그들이 지나온 어두운 터널도 잠시나마
함께 직시해주고, 떠나온 고국으로 부터 기억
하고 싶은 것들 그리고 미래의 비전을 컬러로
이야기했습니다. 여기 소개하는 컬러들은 우리
모두의 수줍은 고백이고 암호입니다. 스스로의
삶을 바꾸고 세상을 바꾸는 사람들이 호출하는
색입니다. 〈난센여권〉 워크숍을 진행하며 염
두에 둔 것이 있다면 바로 워크숍 진행의 예술

입니다. 이미 많은 인터뷰로 지쳐 있는 전문가, 단체장, 활동가, 난민들의 이야기를 인터뷰이 스스로 직접 손으로 써보는 시간을 가짐으로써 침묵 속에 건져 올리는 자신의 이야기를 스스로 목격하도록 했습니다.

미얀마 난민 마웅저는 한국 동화를 미얀마어로 번역해 미얀마로 보내는 출판사를 운영합니다. 미얀마에는 어른을 위한 책도 귀한 편이라 동화라는 개념이 아직 없어서 그런 활동을 하게 되었다고 합니다. 그런 그가 곧 다시 미얀마로 돌아갑니다. 국내 미디어를 통해서만 알고 있는 미얀마에 대체 무슨 일이 있는 걸까요? 마웅저가 펜을 잡고 모국어로 메시지를 쓰는 동안 목격한 그 언어는 정말 무어라 형용할 수 없을 정도로 특이한 아름다움을 가지고 있었습니다. 우리는 읽을 수는 없어도 만나는 분들의 모국어를 담는 것을 시도했고 이 책에 그것을 소개합니다. "드로잉은 말보다 빠르고 드로잉은 거짓말을 하지 않는다"는 르 코르뷔지에의 문장처럼 그들이 무언가를 메시지 카드에 쓰고 영어로 한국어로 다시 이야기 나누다보면 종이 위에 적힌 메시지는 강력한 그들의 비전이자 무기가 됩니다.

티베트 난민 텐진 델렉(민수)은 무지갯빛처럼 많은 가능성을 가진 사람입니다. 티베트 사람들은 중국이 침공한 이후 국민 모두가 난민이 된 민족입니다. 그는 한국에 와서 해보지 않은 일이 없다고 합니다. 이제 그는 듬직한 가장이자 티베트 문화를 지키기 위해 끊임없이 고국에 후원하는 두 개의 티베트 레스토랑 주인입니다. 그를 만나면서 임시정부시절 우리가 상하이에서 새로운 탈식민을 꿈꾸던 아지트가 서울 한복판 종로와 명동에 티베트 임시정부로 자리바꿈했다고 생각합니다. 지난 한국살이의 여정 동안 솟아 올린 자신감으로 티베트의 문화를 지키기 위해 전 세계 티베트인들과 SNS로 네트워크하며 애쓰는 모습을 보며, 그의 붉은 피가 뜨겁게 티베트를 향해 있음을 느낍니다. 그를 만나러 갈 때면 'Free Tibet' 배지를 박음질한 재킷을 입었는데, 서울에서 그 재킷을 입는 날 저는 국가를 50년째 잃은 그의 고국 티베트를 조금 더 기억하게 됩니다.

김종철 변호사가 추천해 준 〈Grace〉를 들으면서 우간다에서 온 마리아를 생각합니다. 그녀는 이제 한 달이 조금 지난 아기를 키우는 엄마입니다. 아기를 낳고 꾸리는 한국살이가 어떠할지 상상할 수 있었습니다. 음악은 리듬으로 그녀를 기억하게 하고 그 가사로 하여

금 인생의 서사를 만들어줍니다. 마리아 집 앞 골목에서 남편과 친구들이 어울려 놀던 모습도 음악과 함께 눈앞에 그려집니다.

난민들을 만나고 나서 그들이 여기에 가지고 온 것 중에서 '용기'라는 것에 많은 관심이 기웁니다. 용기에는 무엇보다 강한 삶의 에너지와 계기의 순간이 깃들어 있습니다. 이렇게 멀리 탈주선을 그리며 낯선 곳까지 온 이유에는 반드시 지키고 싶은 삶이 있기 때문일 것입니다.

우리 도시가 변화하려면 전 세계 흐름 속에 함께 성장하고 발전하는 방법을 배워야 합니다. 발전은 우리가 선진국을 쫓을 때만 오는 것이 아니라 어쩌면 우리가 이미 겪은 과거(일제강점기, 한국전쟁, 광주 민주화 운동 등)로

부터 온 제3세계인들을 환대하는 사회가 될 수 있다면 그것이 바로 신자유주의의 피로를 회복시키는 열쇠가 될 수 있다고 믿습니다. 난민들은 한국을 학교라고 합니다. 한국처럼 급속 성장한 국가에서 가능성을 배워서 다시 모국에 돌아가 헌신하는 그런 꿈을 꾼다고 합니다. 욤비는 생존을 위해 생전 해보지도 않았던 각종 공장일과 온갖 막노동을 거쳐 살아야 했지만, 그는 그 과정에서 친구라 부를 수 있는 사람들을 만났습니다. 그렇게 만난 사람들과의 관계 속에서 다시 공부하게 되어 올해 광주대 교수가 되었습니다. 혼자서 해낸 기적이라고 보기 어렵습니다. 그는 난민들의 영웅입니다.

〈난센여권〉 워크숍과 컬러 캠프를 진행하면서 혼자 듣기엔 아쉬웠던 세계의 이야기를 엮으며 이 기간 동안 한 사람 한 사람으로부터 들었던 이야기의 무게를 느낍니다. 이 이야기들이 난민들에게 누가 되지 않도록 하면서, 누군가의 마음을 움직이길 기대합니다.

한국에 살고 있는 수많은 새로운 시민들, 난민들과 시간을 나누면서 발견하게 된 것은 어떤 이유로 한국을 찾아왔든 이곳에서 만들어가는 삶의 과정에서 발생되는 '문화'가 분명 존재한다는 것입니다. 그렇게 표출되는 문화는 그들 내부와 우리사회에 유기적으로 자리하면서 과거 그리고 현재가 되고 미래가 되어 이들이 한국사회에 어떤 영향을 미쳤는지 드러날 것입니다. 한 사람 한 사람의 메시지를 모으고 릴레이로 인터뷰이를 추천받아 다음 걸음을 내딛는 〈난센여권〉 워크숍의 과정은 세계화의 과정에서 세상을 바꾸는 사람들을 찾는 과정인지도 모르겠습니다.

〈난센여권〉워크숍 진행에 도움을 주신 많은 분이 계십니다. 난민인권센터, 국제난민지원단체 피난처, 공익법재단 어필, 공익인권법재단 공감, 재단법인 동천, 재한줌머인연대, 따비에, RSNK(난민스터디네트워크코리아) 활동가. 난민에 대한 다양한 시선과 지식을 나눠주신 로넬 차크마 나니, 전성은, 이영준, 전상천, 조한, 최장원 선생님, 워크숍에 참여해주신 새로운 이웃 마웅저, 욤비 토나, 조모아, 텐진 텔렉, 메르샴 아스마엘, 마리아 아숨타, 이호택 대표님, 김성인 변호사, 황필규 변호사, 김종철 변호사, 박진숙 대표, 박찬운 교수님, 김연주 변호사, 고은지, 조주연, 류은지, 김영아 활동가. 기꺼이 다양한 해석의 문을 열어주신 예술가 홍영인, 안규철, 김범, 구현모, 정소영, 이장욱, 김옥선, 김한민, 한주예 작가. 의미 있는 책으로 용감하게 책을 출판하기로 결정해주신 북노마드 윤동희 대표님, 북노마드 임국화, 김민채 편집자, 이진아 디자이너에게 감사의 마음을 전합니다.

Text

Kiosk

선반

세상을 바꾸는 사람들

로넬 차크마 나니Ronel Chakma Nani

방글라데시 남동부 치타공 산악지대에 거주하는 소수
민족 '줌머족'의 후예. 1947년 인도가 영국으로부터
해방되고, 1957년부터 1962년까지 파키스탄 정부에
의해 10만 명의 줌머인들이 인도로 강제이주되었다.
이후 방글라데시 정부가 수립되었지만, 줌머의 자치권
을 인정해주지 않았다. 줌머의 언어와 문화를 탄압을
본격화함에 따라 로넬을 포함한 저항에 앞장섰던 이
들은 해외로 나갔으며, 그들 중 일부는 한국에서 줌머
인의 존재를 알리고 있다. 그들은 방글라데시에서 줌
머족 관련 사건이 일어날 때마다 한국의 방글라데시
대사관 앞에서 시위를 하고, 국가 권력과 인권을 주제
로 강연하는 등 인권활동가로도 활동하고 있다. 로넬
은 재한줌머인연대를 2000년부터 이끌고 있다.

마웅저Maung Zaw

미얀마(버마)의 민주화 운동가로서 1988년 '8888 민
주화 운동' 당시 고등학생 신분으로 시위에 참가한 후
미얀마 민주화에 투신해왔다. 1994년 군부의 탄압을
피해 미얀마를 탈출, 대한민국으로 입국했다. 2000년
이후부터 난민 지위를 인정받기 위한 소송을 진행했
고 2008년 법원으로부터 난민 지위를 인정받았다. 민
족민주동맹NLD 대한민국 지부 결성에 참여했으며 대
한민국의 시민운동에 관심을 가졌다. 2010년 '따비에'
(평화를 상징하는 미얀마의 나무 이름)를 창립해 미얀
마 및 태국과의 국경지대 난민촌에 도서관과 학교를
설립하는 활동을 시작했다. 『강아지똥』『마당을 나온
암탉』 등 한국의 어린이 책 10권을 미얀마어로 번역해
현지 출판하는 사업도 벌였다. 2013년 12월 난민 지
위를 반납하고 귀국했다.

욤비 토나Yiombi Thona

아프리카 대륙에서 세번째로 넓은 콩고민주공화국 내
작은 부족국가인 키토나 왕국의 왕자. 왕위는 일곱 살
많은 형이 이어받았고 그는 국립대 경제학과를 졸업
하고 콩고민주공화국 정부기관에서 일했다. 그러나 그
가 속한 조직 전체가 반국가행위를 한 것으로 지목되
어 구금에 처하게 되었고, 2002년 가까스로 탈출해
망명길에 오르게 되었다. 난민 신청, 불허, 이의 신청
을 반복하고 행정소송을 거쳐 6년 만에 난민으로 인
정받기까지의 그의 삶은 너무도 팍팍했다. 사료공장
노동자에서 대학교수가 된 욤비는 박진숙(에코팜므
대표)과 공저로 『내 이름은 욤비』(이후, 2013)를 출간
했다. 현재 광주대학교 자율융복합 전공학부 조교수로
임용되어 광주에서 가족들과 함께 살고 있다. 여러 단
체 및 학교 등에서 인권과 평화, 난민에 대한 인식을
바꾸는 내용으로 강연 활동도 꾸준히 병행하고 있다.

조모아Zaw Moe Aung

미얀마(버마) 출신으로 미얀마 민주봉기 때 민주화운
동을 했다. 1994년 한국으로 이주하여 2000년에 난
민 인정 신청을 했다. 그로부터 8년 만에 난민 지위를
인정받았고, 한국에서 민족민주동맹 부총맹으로 미얀
마의 민주화와 인권 신장을 위해 활동하고 있다.

텐진 델렉(민수) Tenzin Delek

망명 티베트인 2세로 네팔에서 태어났다. 1998년 한국에 들어와 이주노동자의 삶을 시작했다. 이주노동자에 대한 부당한 제도로 인해 희생자들이 늘어가는 것을 지켜보면서 이주노동자 인권운동을 시작하게 되었다. 농성장에서 지금의 아내를 만나 결혼한 그는 현재 세 아이의 아빠이기도 하다. 그는 50여 년간 나라를 잃고 흩어져 살고 있는 모국 티베트의 문화와 정체성을 지키기 위해 티베트 전문 레스토랑을 열고 음식, 음악, 향, 전통장식 등의 문화를 알리는 일을 하고 있다. 네팔과 인도의 티베트 난민촌에 지속적으로 후원하고, 한국에서 장애인과 노동자들을 위한 지원활동도 병행하고 있다. 박범신의 소설 『나마스테』(한겨레신문사, 2005)의 주인공 '카밀'의 실제 인물로도 알려져 있다.

아스마엘 메르샴 Asmael Mersham

이라크 크루드족. 바그다드에서는 수의학을 전공한 수의사였다. 대학 시절, 신문과 잡지 등을 보고 한국의 민주화 소식을 접한 그는 1995년 후세인의 독재와 내전으로 시달리는 조국을 떠나 한국으로 건너왔다. 이주노동자 신분으로 한국에 첫발을 내디딘 그는 1998년 한국 국적을 취득했고, 2002년에는 한국 여성을 만나 결혼했다. 2007년에는 성공회대에서 '아시아 시민사회'를 주제로 석사 학위를 받았다. 2011년부터 한국의 민주주의 운동 사례를 중동 지역에 알리는 일에 힘쓰고 있다. 5.18기념재단으로부터 의뢰받아 『5.18 광주 민주화 운동 총서』를 번역했다. 현재 한국외국어대학교 국제지역대학원에서 중동/아프리카학과 박사과정에 재학중이다.

마리아 아숨타 Mariah Assumpta

우간다에서 반정부운동에 참여한 이유로 쫓기다가 2011년 한국으로 입국하였다. 한국에서 첫딸 엘리자베스를 얻었으나 난민 지위 인정 신청 후 현재까지 대기 상태로 무국적자의 신분으로 살고 있다. 한국의 문화와 음식을 좋아하며 산책을 즐기고 가족의 행복을 꿈꾸며 살고 있다.

라티프 Abdellateif I. A. Musa

2013년, 수단 다푸르에서 종교 박해와 반정부활동으로 인한 체포와 감금을 반복하다 탈출을 감행하고 자유로운 인생을 찾아 한국에 입국했다. 난민 지위 인정 신청자로서 현재 동대문 쉼터에 머물며 테이크아웃드로잉&뮤지엄에서 'One Word a Day'라는 주제로 특별 레지던시 프로그램을 진행중이다.

크리스천 디올 니그와넷 Christian Dior Ngwanet

카메룬에서 대통령 선거 이후 정치적 개입으로 인해 목숨의 위협을 피해 한국으로 입국하였다. 현재 난민 지위 인정 신청중이며 한국이 전쟁 후 이룬 경제적·민주적 성장을 배우기 위해 진학을 꿈꾸며 고국의 발전에 도움을 줄 수 있는 사람이 되고자 한다.

알민 Hossein Javaherynia

이란에서 반정부운동에 참여하다 비밀경찰에게 쫓겨 한국행을 선택했다. 난민 지위 인정 신청자이며 현재 강제출국 판결을 받고 화성보호소에서 1년간 감금되었다. 고문후유증으로 인한 무릎 수술을 위해 잠시 나와 있지만 재판이 끝나면 어떻게 될지는 알 수 없다.

이브라힘 압달라 Ibrahim Abdalla

수단에서 온 라티프의 사촌이며, 모국에서 받은 고문 후유증으로 어려움을 겪고 있다. 현재 난민 지위 인정 신청중이다.

헨리 무툼바 Henry Mutumba

우간다에서 민주화운동 'Walk to Work'에 참여했으며, 이외에도 정당운동을 하다가 신변의 안전을 위해 한국에 입국하게 되었다. 현재 난민 지위 인정 신청중이다.

아얄류 셴쿠티 Ayalew Shenkutie

자유와 인간다운 삶을 위해 에티오피아에서 한국으로 입국했다. 현재 난민 지위 인정 신청중이다.

전성은

(주)세상숲건축도시네트워크 대표이자 한양대학교 건축학부 겸임교수. 홍익대학교 건축학과 설계 튜터로도 활동하고 있다. Graduate School of Architecture Planning & Preservation, Columbia University, MSAAD와 연세대학교 대학원에서 건축공학으로 석사 학위를 받았다. 건축을 발생시키는 순수 현상과 지각에 주목하며, 그 인식과 선택적 결정에 반응하는 인간 감성과의 상호작용의 재해석과 가능성에서 건축적 해법을 찾고 있다. 주요 프로젝트로 〈대구카톨릭대학교 김종복 미술관〉(2013) 〈국립현대미술관 미술품 수장보전센터〉(2013) 〈The Wing's Vally 주택〉(2007) 〈Maison K 주택〉(2012) 〈대한극장〉(2001) 〈박눌겨디자인하우스〉(2004) 〈ENTELIGNET OFFICE〉(2005) 〈태백안전테마파크〉(2007) 등이 있다.

이영준

기계비평가. 인간보다 기계를 더 사랑하며 정교하고 육중한 기계들을 보러 다니는 것이 인생의 낙이자 업이다. 일상생활 주변에 있는 재봉틀에서부터 첨단 제트 엔진에 이르기까지, 독특한 구조와 재료로 돼 있으면서 뭔가 작동하는 물건에는 다 관심이 많다. 원래 사진비평가였지만 기계에 대한 자신의 호기심을 스스로 설명해보고자 기계비평을 업으로 하게 됐다. 저서로 『기계비평-한 인문학자의 기계문명 산책』(현실문화연구, 2006) 『페가서스 10000마일』(워크룸프레스, 2012) 『기계산책자』(이음, 2012) 『비평의 눈초리-사진에 대한 20가지 생각』(눈빛, 2008) 『이미지 비평의 광명세상』(눈빛, 2012)이 있다.

전상천

경인일보 탐사전문기자. 아주대에서 행정·정치학을 복수 전공했으며 현재 정치학 박사 논문을 준비하면서 한세대 등에서 강의를 하고 있다. 2005년 히말라야 가셔브룸 원정대원으로 약 2개월간 파키스탄 히말라야를 등반하고 성공적 취재로 경기도생활체육협의회 공로패(2005)를 받았다. 탐사 대기획 "희망의 탈북 루트, 그 현장을 가다"(제5회 경기언론인상, 경기언론인클럽, 2007), "평택미군기지 이전 관련, 여명의 황새울 작전"(제2회 경기민주언론인상, 경기민주언론시민연합, 2006) 등을 집중보도했다. "도청에 전화하면 녹취당한다"(2008), "이름뿐인 사회복지법인 상록원"(2006), "구멍 뚫린 팔당댐 국유지 관리: 30년간 방치된 땅"(2006), "도내 문예회관 이대로 좋은가"(2001) 등의 기사를 통해 네 차례에 걸쳐 한국기자협회, 한국언론재단이 주는 '이달의 기자상'을 수상했다. 저서로는 『길에서, 원효를 만나다』(형설라이프, 2012)가 있다.

조한

홍익대학교 건축대학 교수. 홍익대학교 건축학과와 예일대학교 건축대학원을 졸업했다. 한디자인 및 '생성/생태' 건축철학연구소 대표이며 건축, 철학, 영화, 종교에 관한 다양한 작품과 글을 통해 건축과 여러 분야의 접목을 꾀하고 있다. 2009년 '젊은 건축가상', 2010년 '서울특별시 건축상'을 수상했다. 대표작품으로는 〈M+〉 〈P-house〉 〈LUMA〉 〈White Chapel〉 등이 있다.

이호택

난민인권단체 피난처 대표. 서울대학교 법과대학 및 동대학원을 졸업하고 이주노동자 지원활동, 북한 난민 지원활동, 난민 지원활동을 해왔다. 북한인권단체연합회 집행위원을 맡고 있으며, 2012년에는 제24회 아산상 사회봉사상을 수상했다. 주요 저서로는 『여기가 당신의 피난처입니다』(창비, 2010)가 있다.

김성인

난민인권센터 사무국장. 청년 시절 조금 더 나은 세상을 꿈꾸며 치열하게 고민했던 시간들이 오늘날 난민인권센터를 만들게 했다. 한여름에도 종일 땀을 뻘뻘 흘리며 배추 농사, 무 농사에 열정적이고, 어딜 가나 재치 있는 유머로 사람들을 웃게 만드는 동네 이장님 스타일이다.

김종철

공익법재단 어필 변호사. 대학원에서 국제법을 전공했고, 난민들의 용기 있고 드라마틱한 삶의 이야기에 매료되어 그들과 함께 일하기 시작했다.

박진숙

에코팜므 대표. 고려대학교 불어불문과를 졸업하고 현재 연세대학교 아동가족학과 박사 과정에 재학중이다. 2009년부터 지금까지 이주여성을 위한 문화, 경제 공동체 에코팜므를 통해 한국에서 살아가는 난민 여성들의 자립을 고민하고 있다. 난민 가정의 문화 정체성에 대한 석사 학위 논문을 썼으며 『이기적인 돼지 라브리에 가다』『여자의 성』을 번역했다. 『내 이름은 욤비』의 공동 저자이다.

황필규

공익인권법재단 공감 변호사. 인권, 자유와 평등을 향한 끝없는 여정의 길에 서서 국제인권, 이주민, 난민, 기업과 인권 등을 고민해왔다. 최근에는 아동, 탈북자 인권 문제에도 관심을 가지고 있다.

박찬운

한양대학교 법학전문대학원 교수. 1991년 민주사회를 위한 변호사 모임에 가입하여 인권 관련 일을 시작했다. 국제연대위원회 위원장을 역임하면서 주로 국제인권법 연구에 집중했다. 1998년 유엔난민기구와 민변간에 파트너십을 위한 특별 협정을 체결하고, 1999년 국내 첫 난민 사건(쿠르드인 메르샴)을 맡았다. 이후, 2001년 민변 내에 '난민지원위원회'를 만들어 활동하고, 2006년 국가인권위원회 인권정책국장으로 재직하던 중 정부에 우리나라의 난민 정책의 청사진이라 할 수 있는 난민정책종합권고를 했다. 저서로는 『인권법의 신동향』『문명과의 대화』『책으로 세상을 말하다』가 있다.

고은지

에어컨보다는 창문 너머의 바람에 머리가 산발이 되는 것을, 프랜차이즈 레스토랑보다 간판 없는 골목어귀의 세월의 무게가 느껴지는 식당을, 택시기사 아저씨와 세상 돌아가는 이야기를 나누는 것을 좋아한다. 일일신 우일신 우주를 탐구하고자 하는 난민인권센터의 활동가이다.

류은지

소박하고 진실하게 일상을 가꾸며 살기를 희망한다. 대학에서 정치외교학을 전공했고, 일기 쓰기 그리고 좋은 사람들과 함께 시간을 보내는 것을 좋아한다. 소외된 이들에게 향했던 관심이 난민에게로 이어져 관련 단체에서 활동하며 난민들을 사랑하는 방법을 배우고 있다. 가장 작은 한 사람이 행복해지는 것이 세상에서 가장 의미 있는 일이라 믿으며, 정의와 평화가 입을 맞추는 순간을 향해 걸어가고 있다.

김영아

숫자 0을 좋아하고 사람들의 별명 짓기를 즐긴다. 난민인권센터에서 6개월 동안 많은 이들이 내게로 와서 '꽃'이 되었다. 한국이 환영의 문화를 되찾길 바라고, 그러기 위해서 난민이 집단 대신 개개인의 이름과 인생으로 받아들여지길 바란다. 묘비에는 〈어기여디어라〉 노랫말과 '이 세상을 사랑할 줄 아는 사람이었네'라는 글귀를 남기고 싶다. 다시 태어나면 꽃과 아이스크림을 파는 가게나 동화책과 시집을 파는 책방을 하고 싶다.

김지은

난민인권센터 활동가. 난민들의 자질과 성품이 필요한 곳에 그들을 연결해주고, 사명으로 헌신할 수 있는 다양한 일을 만드는 일에 비전과 사명을 가지고 있다. 가까운 미래에 난민들이 고국으로 돌아가 다른 이들을 변화시킬 수 있는 리더로 세워지고, 난민들로 인하여 한국의 문화적 토양이 좀더 풍성해지는 것이 꿈이다.

김연주

재단법인 동천 2기 펠로우 변호사. 난민, 이주외국인 분야에서 활동을 하고 있다. 누구든 편안하게 다가올 수 있는 사람이고 싶고, 지치지 않고 오래가는 젊은 활동가이고 싶다. 먹는 것, 연애, 사랑, 드라마를 매우 좋아하는 아줌마 감성과 소녀 감성을 가지고 있다.

최소연

테이크아웃드로잉 디렉터. 현대미술가로 활동하며 1999년부터 2009년까지 성균관대, 숙명여대, 한예종 등에서 드로잉과 현대미술을 강의했다. 2002년부터 뉴욕 ISCP국제레지던시, 호주 IMA국제레지던시, 쌈지 레지던시에 참여하며 '미술관'을 주제로 연구하고 발표했다. 대표작으로 〈접는 미술관〉이 있고, 마을 공동체와 동네가 가지고 있는 문화인류학적인 가치에 주목해 발표한 작품 〈명륜동에서 찾다〉로 2006년 '올해의 예술상'을 수상했다. 2006년 〈접는 미술관〉의 활동가들과 함께 테이크아웃드로잉을 만들었다. 테이크아웃드로잉&뮤지엄 사무국에서 디렉터로 활동하며 드로잉을 통해 세상을 바꾸는 기획에 집중하고 있다. 《드로잉 신문》을 발행하며 동시대 예술가들의 드로잉을 소개하고, '카페 레지던시'를 통해 현대미술가, 건축가, 디자이너 등 문화예술가들의 전시를 기획하고 있다. 2012년 『드로잉 Drawing Vol.1 : 세상을 바꾸는 드로잉』을 발간했으며, 2014년에는 라티프, 이브라힘 압달라의 특별 레지던시와 동행하고 있다. 2004년 〈접는 미술관〉 이후 '삼성'이라는 닉네임을 사용하고 있으며 삶이 예술이 될 수 있는 지점에 관심을 가지고 있다.

최장원

건축가. 중앙대학교, 컬럼비아 건축대학원에서 건축을 전공하였고, 〈Exotic Houston〉〈Light and Lightness〉〈Memorial Hydrophilic Platform〉〈Blurring Monument〉 등 일련의 작업을 통해 AIA(미국건축가협회)가 주관하는 2012 Annual Arch Schools Exhibition에 컬럼비아 건축대학원 대표로 참가했으며, 2012년 최우수 영예 졸업생으로서 'The William Ware Prize for Excellence in Design and The Saul Kaplan Traveling Fellowship' 'The Lucille Smyser Lowenfish Memorial Prizes'를 동시에 수상하였다. 현재는 건축, 공공디자인과 퍼블릭 아트에 관한 작업을 병행하고 있다. 2012 아르코 퍼블릭아트 오픈콜에 참여했으며, 2012년 대한민국 공공디자인 대상에서 〈여의나루 자전거 정류장〉으로 디자인계획 부문 최우수상(한국공예디자인문화진흥원장상)에 선정되었다.

한주예

작가. 홍익대학교 조소과를 졸업하고 뉴욕 스쿨오브비주얼아트 SVA 대학원에서 순수미술로 석사 학위를 받았다. 주요 작품으로 기억의 재현을 투명한 실체이자 허구로 재생산한 설치작품 〈피아노〉〈토네이도〉〈키친〉 등이 있다. 1997년부터 2012년까지 15년간의 뉴욕생활으로부터 생업과 작업의 괴리로 인해 코마상태가 된 감각을 다시 일깨우는 중에 귀국하여 2013년부터 테이크아웃드로잉&뮤지엄 사무국에서 〈난센여권〉 워크숍과 레지던시 프로그램을 진행하고 있다. 평소에 가지고 있던 난민의식(내가 난민이다)을 동기로 〈난센여권〉 워크숍에 참여했다. 기억상실 속의 자아와 계수되지 못하는 무국적, 무소속자의 정체성에 대한 관심을 가지고 새로운 작품을 구상중이다.

난민 지원기관 네트워크

유엔난민기구 UNHCR

1949년 유엔총회에서 창설된 유엔난민기구는 난민을 보호하고 난민 문제를 해결하기 위해 국제적인 조치를 주도하고 조정한 권한을 부여받은 기구이다. 유엔난민기구는 누구나 보호를 신청할 권리가 있으며 자발적 본국 귀환, 제3국 재정착 등의 방법으로 다른 나라에서 안전한 피난처를 보장받을 수 있도록 돕는다. 자국이 아닌 곳에서 보호를 필요로 하는 사람들을 위한 식수, 위생시설, 보건의료지원, 구호물품 등을 통한 긴급 지원과 본국으로 돌아가는 사람들에게 교통편 및 원조활동을 해오고 있다.

주소 / 서울시 중구 을지로 1가 16 금세기빌딩 7층 UNHCR
전화 / 02-733-7011
팩스 / 02-773-7014
이메일 / unhcr@unhcr.or.kr
홈페이지 / www.unhcr.or.kr

국제난민지원단체 피난처

박해와 전쟁을 피해 타국으로 피난한 국제난민들과 북한난민들에게 피난처를 제공한다. 난민들이 도움을 얻어 어려움을 이기고 다른 사람을 도울 수 있도록 지원하는 기독 NGO이다. 국내외 난민과 북한 난민의 구호, 재난 및 분쟁의 방지와 국제협력, 국제평화와 인권의 증진 및 안전보호 사업을 수행하는 법무부등록의 비영리법인이다. 난민 인권 인정 절차와 법률 지원 및 시민교육 및 의식 개선을 위한 캠페인과 숙소와 생계 지원 및 교육활동을 하고 있다.

주소 / 서울시 동작구 상도동 456 래미안아파트 상가 3층
전화 / 02-871-5382
팩스 / 0505-447-4646
이메일 / abraham@pnan.org
홈페이지 / www.pnan.org

난민인권센터

2009년에 설립된 비영리민간단체로 국내에 체류하고 있는 난민들의 사회적 자립을 지원하고 있다. 난민 지위 인정을 신청한 난민 신청자들을 위한 상담과 법률 지원을 제공하고 난민 신청 절차 등 필요한 자료 수집과 신청절차를 함께 진행한다. 난민 권리 회복을 위한 제도 개선을 위해 유엔난민기구, 아시아-태평양 난민권리네트워크 APRRN, 공익법률단체 등과 접촉하며 난민 관련 연구를 지속하고 있다.

주소 / 서울시 구로구 가리봉동 30-24 난민인권센터
전화 / 02-712-0620
팩스 / 0505-503-0620
이메일 / refucenter@gmail.com
홈페이지 / www.nancen.org

에코팜므

이주여성들이 한국사회에서 적응하고 활동할 수 있도록 지원하기 위한 방법을 모색하는 단체이다. 작품 제작 및 교육 프로그램을 운영하는데 작품 제작을 통해 이주여성들의 경제적인 생활에 도움을 주고, 그들의 이야기를 많은 사람들에게 전달하는 기능을 할 수 있도록 한다. 만들어진 작품들을 판매하는 것은 물론 전시 및 공연들을 통해 자신들의 문화를 전달하고 표현할 수 있도록 한다. 이외에도 상담, 심리치료, 생필품 및 교육비 지원활동을 하고 있다.

주소 / 서울시 마포구 서교동 343-13
전화 / 02-336-9529
이메일 / ecofemme.info@gmail.com
홈페이지 / www.ecofemme.or.kr

공익인권법재단 공감

삶의 현장에서 최소한의 존엄을 지키려는 사람들의 목소리에 귀 기울이며 공익활동을 본업으로 삼는 국내 최초의 공익변호사 단체이다. 소수자, 사회적 약자의 인권 보장을 위해 법률전문가가 할 수 있는 법적 실천을 위해 공익법 활동을 활성화할 수 있는 지점들을 확장하고 모색한다.

주소 / 서울시 종로구 창덕궁길 29-6
전화 / 02-3675-7740
팩스 / 02-3675-7742
이메일 / gonggam@gmail.com
홈페이지 / www.kpil.org

따비에

미얀마(버마) 난민 마웅저가 대표로 있는 따비에는 미얀마 어린이, 청소년들의 교육을 지원하고 한국과 미얀마 청소년들의 교류를 위해 지원활동을 이어오고 있는 단체이다. 동화책 지원사업은 따비에의 주력사업으로, 한국의 동화책을 미얀마어로 번역하여 현지에서 출판한다. 『강아지 똥』을 포함해 지금까지 총 10권의 도서가 번역되었다. 태국과 미얀마 국경 난민촌 밖, 불법체류자 신분으로 살아가는 어린이들을 위한 유스센터Youth Center가 다양한 지식과 기술을 배우고 다양한 사람과의 만남을 통해 새로운 기회를 개척할 수 있도록 지원한다. 뿐만 아니라 마을 도서관 만들기, 학교 지원 등을 계속해오고 있다.

주소 / 서울 마포구 공덕2동 404 풍림 VIP텔 1215
전화 / 070-7642-9319
이메일 / zawburma@hanmail.net
홈페이지 / thabyae.tistory.com

재단법인 동천

사회 소외계층과 사회적 약자들을 위한 법률 지원, 입법 지원, 경제적 지원 활동을 통해 기본적인 인권 보호에 충실하게 활동하고 있다. 프로보노(pro bono, '공익을 위하여'라는 뜻의 라틴어 'pro bono publico'의 줄임말) 변호사와, 난민 관련 NGO들과 협력하여 난민 불인정 취소 처분 등의 공익소송을 맡아 진행하고 있다. 또한 각종 난민 관련 해외 판례 연구, 난민 지원 통역인 교육시스템 개발 및 운영 활동들을 수행하고 있다.

주소 / 서울시 강남구 테헤란로 131 한국지식센터빌딩 13층
전화 / 02-3404-7590
팩스 / 02-3404-7307
이메일 / bkl@bkl.or.kr
홈페이지 / www.bkl.or.kr

공익법재단 어필

소송, 입법운동, 법률 교육, 국내외 인권단체와의 연대를 통해 난민, 무국적자, 구금된 이주자, 인신매매 피해자들의 인권을 옹호하는 활동을 한다. 장기구금된 난민의 인권 보호를 위해 유엔인권위원회에 진정을 제출해 본국으로 송환하지 말라는 처분을 받은 일 외에도 난민 인권 보호를 위해 국제 인권 메커니즘을 활용하고 있다. 소수자를 보호하고 그들의 권익을 신장하는 데 주력해온 결과 지난 2011년 말에는 아시아 최초의 독자적인 난민법이 국회를 통과하는 데 영향을 미쳤다. 국내 활동 외에도 일본사회에서 난민법이 제정될 수 있도록 하는 운동에도 참여했다.

주소 / 서울 종로구 안국동 걸스카웃 빌딩 505호
전화 / 02-3478-0529
팩스 / 02-3478-0527
이메일 / info@apil.or.kr
홈페이지 / www.apil.or.kr

재한줌머인연대

방글라데시 남동부 치타공 산악지대를 주거지로 하는 11개의 소수민족을 통칭하는 '줌머인'들의 인권 보장을 위해 한국에 거주하는 줌머 민족 출신들이 결성한 인권 단체다. 과거 파키스탄으로부터의 독립을 위해 줌머인들과 방글라데시 정부가 협력하는 과정에서 방글라데시 정부는 줌머인들의 거주지를 빼앗고 탄압했다. 한국에 온 다수의 줌머인들은 줌머인 자치권과 인권 보장을 위해 활동한 이들이다. 1997년 방글라데시로부터 평화협정을 맺은 이후 한국에서 다시 방글라데시로 돌아갔지만 실망스러운 현실을 개탄하며 다시 한국으로 망명을 하게 되었다. 그렇게 모인 10여 명이 2002년에 재한줌머인연대를 만들었다. 한국 시민사회 구성원들을 대상으로 침해 받는 줌머인들의 인권과 폭력사태에 대한 연대의식을 고취시키는 세미나, 포럼, 문화행사를 개최하며 고국의 상황을 알리는 데 집중하고 있다.

주소 / 경기 김포시 양촌읍 양곡리 428-2 2층
전화 / 031-997-5961
이메일 / jpmk2@hottmail.com
홈페이지 / cafe.daum.net/jummo

휴먼 아시아

2006년 설립되어 아시아 지역에 부재한 지역 인권 보호 체계를 수립하고 아시아 각 지역의 다양성과 공존을 모색하고 있다. 아시아의 인권상황 개선을 위해 국적과 인종 그리고 정치적 이념을 뛰어넘어 열악한 상황에 놓여 있는 아시아 인권 신장을 위해 다양한 인도적 지원활동을 해오고 있다.

주소 / 서울 강남구 압구정로 210 융기빌딩 4층
전화 / 02-723-1673
팩스 / 02-511-0273
이메일 / humanasia@humanasia.org
홈페이지 / www.humanasia.org

상식의 오류 사전

고은지, 김다애 / 난민인권센터 난센지기

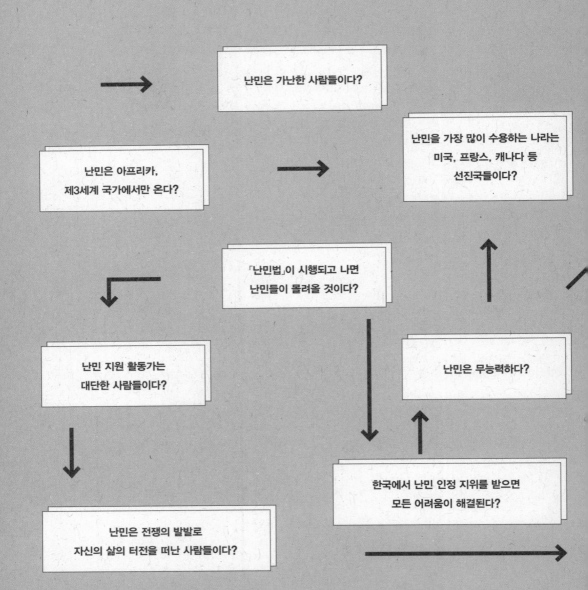

난민은 가난한 사람들이다?

난민을 가장 많이 수용하는 나라는
미국, 프랑스, 캐나다 등
선진국들이다?

난민은 아프리카,
제3세계 국가에서만 온다?

「난민법」이 시행되고 나면
난민들이 몰려올 것이다?

난민 지원 활동가는
대단한 사람들이다?

난민은 무능력하다?

한국에서 난민 인정 지위를 받으면
모든 어려움이 해결된다?

난민은 전쟁의 발발로
자신의 삶의 터전을 떠난 사람들이다?

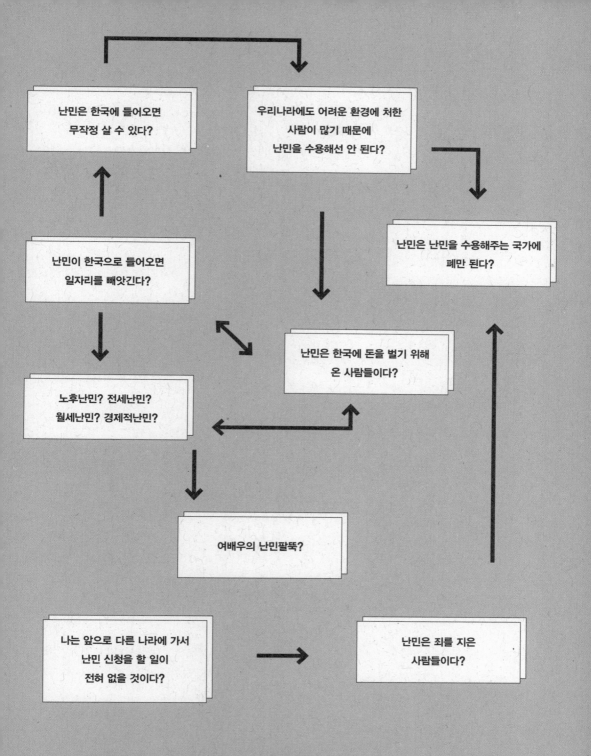

난민은 한국에 들어오면
무작정 살 수 있다?

우리나라에도 어려운 환경에 처한
사람이 많기 때문에
난민을 수용해선 안 된다?

난민은 난민을 수용해주는 국가에
폐만 된다?

난민이 한국으로 들어오면
일자리를 빼앗긴다?

난민은 한국에 돈을 벌기 위해
온 사람들이다?

노후난민? 전세난민?
월세난민? 경제적난민?

여배우의 난민팔뚝?

나는 앞으로 다른 나라에 가서
난민 신청을 할 일이
전혀 없을 것이다?

난민은 죄를 지은
사람들이다?

난센여권 선반

책 리스트

박범신, 『나마스테』,
한겨레, 2005

고은, 『히말라야』,
민음사, 2000

김지연, 『정미소와 작은 유산들』,
눈빛, 2013

이호택, 조명숙, 『여기가 당신의
피난처입니다』, 창비, 2010

서경식, 『난민과 국민 사이』,
돌베개, 2006

서경식, 『사라지지 않는 사람들』,
돌베개, 2007

재레드 다이아몬드,
『어제까지의 세계』, 강주헌 옮김,
김영사, 2013

마하트마 간디, 『간디 자서전』,
함석헌 옮김, 한길사, 2002

『난민 법률 지원 용어집』, 동천,
2013

권준호, 『런던에서 디자이너로
산다는 것은 어떻습니까』,
지콜론북, 2013

진현종 엮음, 『티베트 우화』,
청어람미디어, 2003

이영준, 『페가서스 10000마일』,
워크룸프레스, 2012

김한민, 『카페 림보』,
워크룸프레스, 2012

이장욱, 『정오의 희망곡』,
문학과 지성사, 2006

김홍중, 『마음의 사회학』,
문학동네, 2009

욤비 토나, 박진숙,
『내 이름은 욤비』, 이후, 2013

김옥선, 김승곤,
『No Direction Home』, 포토넷,
2011

김지하, 『포토보이스』,
난민인권센터, 2011

서미경, 『홍어장수 문순득,
조선을 깨우다』, 북스토리, 2010

장 클로드 드루앵,
『세계경제의 지배자들』, 김모세 옮김,
현실문화, 2012

프랑스아 제레, 『세계 분쟁 지도』,
전혜영 옮김, 현실문화, 2012

라빈드라나드 타고르, 『기탄잘리』,
김병익 옮김, 민음사, 1974

영화 리스트

〈터미널The Terminal〉, 스티븐 스필버그, 2004

〈웰컴Welcome〉, 필립 리오레, 2009

〈무산일기The Journals of Musan〉, 박정범, 2010

〈피아니스트The Pianist〉, 로만 폴란스키, 2002

〈비지터The Visitor〉, 토머스 맥카시, 2007,

〈호텔 르완다Hotel Rwanda〉, 테리 조지, 2004

〈신이 찾은 아이들God Grew Tired Of Us: The Story Of Lost Boys Of Sudan〉, 크리스토퍼 딜론 퀸, 톰 월커, 2004

〈인어 베러 월드In A Better World〉, 수잔 베에르, 2011

부산국제영화제 쿠르드 특별전 2013

〈디야르바키르의 아이들Min-Dit: The Children of Diyarbakir〉, 미라즈 베자르, 2009

〈크로싱 더 더스트Crossing The Dust〉, 샤우캇 아민 코르키, 2006

〈반달Half Moon〉, 바흐만 코바디, 2006

〈형제 살해Fratricide〉, 일마즈 아르슬란, 2005

〈쿠르드의 어머니All My Mothers〉, 압바스 가잘리, 에브라힘 사에디, 2009

〈전사 다비드 톨히단David the Tolhidan〉, 마노 카릴, 2007

〈보드카 레몬Vodka Lemon〉, 이네 살림, 2003

〈욜Yol〉, 일마즈 귀니, 1982

* 세상을 바꾸는 사람들의 선반에 올려진 책과 음반, 영화를 모았다.

난민의 지위가 한국에서 거쳐온 여정

2013. 5.
한국 난민 신청자: 5485명
난민 인정자: 329명
인도적 체류: 173명
불인정: 2550명

2013. 10. 12.
A가 서울 출입국관리소를
상대로 강제 퇴거 명령과
보호 명령에 대한 취소를
요구하는 소송에서 승소.
"이 사건에서 강제 퇴거 명령
은 행정의 획일성과 편의성만
일방적으로 강조하고
난민 신청자의 인간으로서
존엄성을 무시한 조치.
이를 통해 달성하고자 하는
공익에 비해 A씨가 입는
불이익이 현저하게 커
위법하다."(재판부)

2013. 7.
아시아 국가 최초로 독립된
「난민법」 제정, 시행.

2013. 1.
강제 퇴거 위기에서 출입국관리소를
상대로 소송 제기.
"난민 심사가 오래 걸리는데도 한국 정부가
아무런 생계 지원을 해주지 않아서 부득이하게
취업 활동에 나설 수밖에 없는 실정이다.
취업 활동을 이유로 강제 퇴거 명령을
내린 것은 부당하다."
"A씨가 불법 취업 활동으로 범칙금 통고 처분을
받은 적이 있는데도 반성하지 않고 다시 일했다.
난민 신청자에게 제한 없이 취업 활동을
허가할 경우 난민 신청이 남용될 우려가 있다."
(출입국관리소)

1992.
한국,
유엔난민협약에 가입.

1994.
한국,
난민 신청 받기 시작했으나
모든 난민 신청 거부.

마웅저, 미얀마 수도 양곤에서
'8888 민주화 운동'에 뛰어들었다가
군부의 탄압을 피해 한국으로 망명.

1951.
유엔,
난민의 지위에 관한 협약 제정

2012. 11. 1.
K, 서울 출입국관리소장을 상대로
난민 인정 불허 처분 취소 소송에서
원고 승소 판결.
"원고가 독립운동을 이유로 난민 신청을
했다는 내용의 기사가 원고의 사진과
위명여권상의 이름으로 일부 매체에
실렸고 주한 파키스탄 대사관을 통해
파키스탄 정부에 알려졌을 가능성을
배제할 수 없다. 민족 또는 정치적 의견
을 이유로 박해를 받을 우려가 있다고
볼 만한 공포가 인정된다."(재판부)

2011. 5.
한국 체류 중 위명여권으로
입국한 이유로 여수 출입국관리소에 보호구금.
난민 인정 신청을 했지만 기각 당함.

2012. 12.
A, 일당 받으며 단순 노무에
종사하다가 적발된 뒤,
'체류 자격 외 활동 허가'를 받아
계속 일하다가 난민 불인정 처분을 받음.

2011. 6.
미얀마인 A,
한국으로 건너와
난민 인정 신청.

2009.
마마두, 난민 신청 불허.

2001.
한국 첫 난민
신청 허가

2004.
로넬,
난민 인정 받음.

2008.
9명의 난민 인정 신청
거절에 대한 소송이
3년 만에 지위 인정 받음.

2000.
마웅저, 난민 신청

2003.
미얀마 민주민족동맹
한국 지부 회장,
부회장, 총무, 세 명이
난민 인정 받음.

2005.
법무부, 34명의
미얀마 난민 신청자 중
9명의 신청을 거절,
출국 권고.

1999.
미얀마 민주민족동맹
한국 지부에서 활동하던
미얀마 난민 강제 추방.
이후 미얀마 민주민족동맹 활동가
34명이 난민 신청.

파키스탄 소수 민족 발로치족의
민족독립운동가 K, 발로치스탄의 독립운동에
참여하다가 총상을 입고 본국을 탈출해
한국에 입국.

코트디부아르의 마마두,
코트디부아르 반정부 모임과
시위를 조직했던 전력으로
한국으로 피신,
한국에 난민 인정 신청.

—

난민 신청인의 국적

파키스탄 1060명

스리랑카 626명

네팔 453명

나이지리아 392명

미얀마 375명

중국 365명

—

난민 신청자, 인정자 현황(2013. 4. 기준, 법무부)

1994~2003년 / 신청: 251 / 인정: 14

2004년 / 신청: 148 / 인정: 18

2005년 / 신청: 410 / 인정: 9

2006년 / 신청: 278 / 인정: 11

2007년 / 신청: 717 / 인정: 13

2008년 / 신청: 364 / 인정: 36

2009년 / 신청: 324 / 인정: 70

2010년 / 신청: 423 / 인정: 47

2011년 / 신청: 1011 / 인정: 42

2012년 / 신청: 1143 / 인정: 60

2013년 / 신청: 313 / 인정: 6

국제 난민 동향(2011. 기준, 유엔난민기구)

아프가니스탄 2,664,400명

이라크 1,428,300명

소말리아 1,077,000명

수단 500,000명

콩고민주공화국 491,500명

미얀마 414,600명

콜롬비아 395,900명

베트남 337,800명

에리트레아 252,000명

중국 205,400명

난민 지위를 인정받은 사람의 국적

미얀마 133명

방글라데시 67명

콩고민주공화국 27명

에티오피아 19명

이란 13명

법무부의 난민 인정 절차 불복 행정소송(2012. 12. 기준)

총 979건

2007년 39건

2008년 18건

2009년 297건

2012년 222건

예술가와 문

홍영인
안규철
김범
김옥선
구현모
정소영
이장욱
김한민
최장원

X에게 Y를
Y에게 X를
예술가에게 난민을,
난민에게 소개했던
예술작품을 수록한다.

/ 홍영인

사북과 고한을 잇는 홍영인 작가의 퍼포먼스에서 뿔뿔이 흩어져 있는 난민들의 상황을 연결하는 듯한 느낌을 받았습니다. 퍼포먼스는 물론 완전히 다른 입장에서 제작한 작품이지만, 〈난센여권〉 안에서는 다른 연상을 하게 하는 흥미로운 지점이 또 생성됩니다.

혹시 '난민'에 대한 주제를 '이주민' '이방인' '타인'의 문제로 넓힐 수 있는 가능성도 있는지 여쭤보고 싶습니다. 혹은 타인에 대한 두려움, 모름에서 비롯되는 배타심도 주제가 될 수는 있겠지요? 제가 해외에 거주하고 있으니, 난민보다는 이주 문제에 개인적으로는 더 가까이 있다고 생각합니다. 물론 제 주변에도 이주민 문제에 민감한 작가들이 있지만, 난민이라는 문제는 모두가 난해하게 여길 것 같습니다.

난민은 자신의 모국으로 돌아갈 수 없는 분들, 모국으로 돌아갈 경우 신체적 · 정신적 '박해'가 분명해져서 타국에 절박한 심정으로 망명을 신청하는 이들을 지칭합니다. 따라서 이주노동을 목적으로 타국을 찾는 분들과 분명한 차이가 있습니다. 그러나 난민의 단계를 거쳐 '이주민'으로 연결되고, 당연히 '이방인'으로서 이 사회에 살면서 다양한 방식의 두려움들을 마주하게 되니, 이주민과 이방인, 타인의 문제와 연결될 것입니다.

개인적으로 난민 보호 정책은 사회의 정치적 · 경제적 노선과 밀접한 관계가 있다고 봅니다. 난민 문제를 독립적으로 다루었을 때 가장 위험한 지점은 동정심 또는 휴머니즘에 호소하는 정도에서 그치고 마는 게 아닐까 생각하는데요.

한국은 동정이나 낭만적 휴머니즘조차 기대하기 힘들다는 것이 문제입니다. 제3국에서 한국에 온 사람들에 대한 차별적 시선이 여전히 팽배할 뿐만 아니라 우리나라와 관계를 맺고 있는 해당 국과의 외교 문제라는 시선으로 방치된 공백 역시 매우 큽니다. 우리사회의 숨겨지고 감춰진 현상을 둘쳐 바라보는 사람들이 예술가라면 정치적 문맥에서 시작된 문제일지라도 결국 작품을 통해서 그 이슈가 다뤄지는 지점은 문화적인 관점이 아닐까요?

홍영인의 〈Miner's Orange〉는 강원도 고한, 사북 지역의 주민 5백여 명이 함께 참여한 퍼레이드 프로젝트이다. 오렌지색은 이 지역의 역사를 상징한다. 퍼포먼스에 참여한 일부는 과거 광부들의 오렌지색 유니폼을 입었고, 다른 참가자들은 오렌지색 모자, 장갑, 띠, 풍선 등을 착용하였다. 오렌지색 퍼레이드는 인내와 활력을 의미함과 동시에 이 지역의 불확실한 정체성을 상징하며 새로운 지역 개발 사업(카지노 사업)의 결과로 인한 지역 주민들의 애환과 어려움, 사회적·문화적 변환을 의미한다.

홍영인, 〈Miners' Orange〉, 싱글채널 비디오, 00:10:35, 2009

〈난센여권〉을 통해 난민들을 직접적으로 도와주고 함께 무언가를 도모한다기보다, 전문가 네트워크를 통해 그 문제로부터 이 세계의 한 부분을 배우고 시민들을 매개하는 역할을 하는 거라고 생각합니다. 사실 예술로 문제를 해결할 수 있는 지점은 많지 않습니다. 사회학자 김홍중의 말을 빌리자면, 예술로 할 수 있는 '단지 약간'의 힘을 빌려보자는 것이 이 프로젝트의 첫번째 취지입니다. 예술로 승화된 표현은 긴 호흡이 필요할 터이니 잘 드러나지 않는 이 사회의 불편한 현실에 대해 함께 이야기하며 목격하자는 것입니다. 난민 문제에 관심을 갖고 이 프로젝트를 시작하게 된 건 내가 목도한 현실에 대해 말하는 법을 잊지 않기 위한 한 걸음입니다. 〈Miner's Orange〉에서 언급한 '불확실한 정체성' '기억의 복원'에 대해 조금 더 자세히 설명해주세요.

이 퍼레이드는 폐광 직후 심각한 경제적 침체기를 맞게 된 사북, 고한 지역에 정부가 카지노를 설립해 경제 발전을 촉진하는 과정에서 일어난 지역의 변화를 다루었습니다. 근대화 과정에서 모호해지는 개인과 지역의 정체성 그리고 외부적 요인의 변화로 개인의 변화까지 강요 당하는 지점을 다루고 싶었습니다. 오렌지색은 특별한 의미가 없고, 제가 제안한 몇 가지 색 중 지역주민들이 직접 고른 색입니다. 퍼레이드에 수용된 많은 요소들이 제가 선택한 것이 아니라, 주민들의 바람과 기대, 요구 등을 직접적으로 반영하여 제작한, 일종의 협업이라고 이해하면 좋겠습니다.

폐광 무렵 잦았던 광부들의 시위, 데모 사진에서 보이는 시위용 깃발 등을 다시 비슷하게 제작하되, 슬로건과 같은 문구를 대신할 오렌지색을 찾은 것입니다. 오렌지색 걸음을 통해 과거의 탄광촌이 카지노 마을로 변한 현재와 미래를 표현하고자 했습니다. 이 퍼레이드는 주민들의 '기억' 속에 남아 있는 시위하는 행위가 모두 같이 '걷는' 퍼레이드로 변화하고, 이를 통해 연대감을 형성하고자 했습니다. 경제 발전 과정에서 사북과 고한 사이에 생긴 경제적 불균등 상태를 극복하고자 하는 주민들의 바람을 담아 두 지역을 걷는 노선을 택했습니다. 물론 노선 역시 주민들과 함께 의논하여 정한 것입니다.

/ 안규철

안규철, 〈무명 작가를 위한 다섯 개의 질문〉, 1990~1991

무명 작가를 위한 다섯 개의 질문

1988년 독일에서 유학하면서 막막하기만 하던 시절의 작업으로, 방 한 칸을 만들고 두 개의 문을 달아 하나는 '인생'으로, 하나는 '예술'로 표현했다. 인생이라는 문을 포기했으니 손잡이가 없고, 예술로 들어가는 문에는 다섯 개의 손잡이를 달았다. 독일에서 활동하는 작가들을 이해하기 위해 공부하고, 책을 보면서 '예술이 이래도 되는가?' '이렇게 하지 않으면 왜 예술이 안 될까?' 같은 질문을 많이 했다. 이것이 마치 아이들 동화 속에 나오는, 공주와 결혼하려면 세 개의 어려운 문제들을 풀어야 하는 상황과 비슷하다는 생각을 했다.

112개의 문이 있는 방

가로 7칸, 세로 7칸의 49개의 방. 문은 그 뒤에 새로운 공간이 있다고 말하지만 새 공간은 없다. 문은 공간과 공간을 연결하는 매개체로, 문이라고 하는 것은 그 뒤에 여기와 다른 공간이 있다는 일종의 신호이고 약속이다. 〈112개의 문이 있는 방〉의 경우는 그 약속이 지켜지지 않는다. 열고 들어가면 똑같은 방, 똑같은 공간이 이어진다. 우리는 역사적으로 발전의 과정을

안규철, 《112개의 문이 있는 방》, 나무, 금속, 760x760x230cm, 2003~2004

거치면서 새로운 시대에 대한 열망이라는 것을 가지게 된다. 그러나 번번이 배반되고 번번이 좌절하더라도 조금 나아지겠지 하고 기대를 한다. 문을 열고 다음 공간으로 넘어갈 것인지 죽치고 있을 것인지…….

먼 곳의 물

〈먼 곳의 물〉은 두 세계의 접점, 보이는 세계와 보이지 않는 세계에 대한 이야기를 하고자 했다. 상자 속의 세계와 우리가 발 딛고 있는 이 세계. 유리 그릇 속의 말간 물과 그 위 식탁보에서 헤엄치는 것처럼 보이는 빨간 금붕어는 맞닿아 있는 듯 보이지만, 그 사이를 넘어갈 수 없는 경계가 있다. 또 한편으로는 금붕어들이 이 그릇에서 저 물로 옮겨가고 있다고 보는 것이다. 그런데 한 번만 더 생각해보면 저 그릇 속의 물과 헤엄치는 금붕어가 무슨 관계인지 되묻게 된다. 금붕어에게 그 물은 들어갈 수 없는 물, 헤엄칠 수 없는 기호이다. 이미지와 현실, 둘은 연결되는 것 같지만 서로 엄격하게 분리되어 있다는 이야기를 풀어낸 작업이다.

안규철, 《먼 곳의 물》, 1991~1993

/ 김범

〈국경상의 출입국관리소 설계안A Design of an Immigration Bureau Complex on a Borderline(perspective)〉에서 관객들은 국경에 위치한 동일한 형태의 3층 건물이 국경을 가로지르는 두 개의 다리로 연결된 모습을 보게 된다. 건물 내부에는 출입국관리소, 대기 장소, 편의시설을 연결하는 다리가 있다. 한국은 오랫동안 정치적·사회적으로 불행한 역사를 지닌 곳이다. 〈국경상의 출입국관리소 건물 설계안〉 연작은 정치와 제도를 배경으로 사회 속 인간 이미지를 주제로 하는데, 이를 통해 모순된 세상에 대한 느낌을 드러내고자 했다.

김범, 〈A Design of an Immigration Bureau Complex on a Borderline〉, 블루프린트, 57x82cm, 2005.

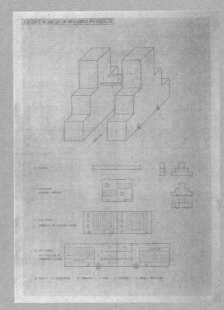

김범, 〈A Design of an Immigration Bureau Complex on a Borderline(perspective)〉, 종이에 연필, 79x56cm, 2005

/ 김옥선

제주도에 체류하고 있는 외국인, 즉 이방인에 관한 기록으로 〈No Direction Home〉〈함일의 배〉를 모델들의 편지와 함께 제작한 작업이다. 2008년부터 3년 동안 한 이방인 D가 만드는 배와 그 배를 만드는 창고는 특별한 사물이자 공간이 되었다. 실제로 D의 배는 창고 안에서 제작중일 때는 사물로 읽히지만 바다로 나가 항해를 시작하면 집 못지 않은 커다란 공간이 될 것이다. 임시적인 혹은 장기적인 주거공간이 될 수 있다는 측면에서 D의 배는 실제로 긴 항해를 위한 침실과 주방 그리고 비상식량을 위한 저장 창고를 제대로 갖추어 만들어지고 있다. 방수를 위한 만반의 준비와 커다란 돛의 완성을 통해 항해 채비를 마쳐가고 있다.

김옥선, 〈Green+House #3〉, 디지털 크로모제닉 프린트, 35×28cm, 2011

김옥선, 〈Green+House #8〉, 디지털 크로모제닉 프린트, 28×35cm, 2011

/ 구현모

경계

여기서 말하는 '경계'란 부정도 긍정도 아닌 모호함의 상태이다. 직선의 경계가 아닌, 넘나듦이 있고 현실과 비현실 사이의 틈과 움직임이 존재한다. 경계는 주제이자 동시에 보여주는 방식을 말한다. 대상을 바라보는 프레임은 보여주고자 하는 일상성에 특별함과 반전을 만들어준다. 프레임은 논리적 해석이 아닌 감성에서 이성으로, 이성에서 감성으로의 전환, 또다른 의미의 경계를 의미한다. 작품 속에 등장하는 풍경, 사물 그리고 사람은 모두 대상이 되고 동시에 배경이 된다. 행위와 이야기만 남는다.

문: 현실과 기억 사이

문에는 시점과 방향성이 있다. 안과 밖을 구분하는 기준은 무엇일까? 관찰자의 시선과 의도에서 벗어나 상황을 있는 그대로 바라볼 수 있을까? 문은 안과 밖을 구분하기도 연결하기도 한다. 난민은 '명명되지 않은……' 이곳과 저곳 사이에 포함될 수 없는 부유하는 점이다. 난민과 우리는 서로 다른 객체성을 지닌다. 수많은 이야기가 '난민'이라는 단어로 획일화된다. 이곳과 저곳, 자아와 타자를 나누는 이분법이 아닌, 현실 세계와 그들의 기억이 만나는 중립지대를 향한 '문'을 상상해본다. 그가 살던 집과 공간에서의 추억과 지나온 시간들이 현실과 마주하는 순간에 문이 위치한다. 이 문은 설계도 드로잉, 텍스트와 공간 설치로도 가능하다.

구현모, 〈계단〉, 싱글채널 비디오, 03'39", 2011

구현모, 〈Blau〉, 싱글채널 비디오, 2009

/ 정소영

오브제는 시간과 장소에 따라 한계를 지닌다. 오브제에 틈을 만들어 닫힘과 열림, 채움과 비움의 과정을 그대로 보여준다. 이분법적인 시작으로부터 0과 1의 사이의 여정이다. 오브제는 보이는 것을 넘어 필드場. Field에서 관객과의 지속적인 반응을 통해 운동성을 갖게 된다.

움직이는 상태Mobile와 안정된 상태Stabile, 내 작업은 균형과 불균형의 사이에 있다. 사람과 사람 사이의 모든 관계가 균형에 관한 것이고, 우리의 삶은 모두 균형을 찾기 위한 것이다. 작품을 통해 역설적으로 '균형을 찾기 위한 불균형'을 보여준다.

정소영, 〈Elapsed〉, 석고, 모래, 안료, 스톤, 각파이프, 조명, 특정 장소 설치, 2013

/ 이장욱

우리는 여러 세계에서

우리는 여러 세계에서
서로 다른 사랑을 하고
서로 다른 가을을 보내고
서로 다른 아프리카를 생각했다
우리는 여러 세계에서

드디어 외로운 노후를 맞고
드디어 이유 없이 가난해지고
드디어 사소한 운명을 수긍했다

우리는 여러 세계에서 모여들었다
그가 결연히 뒤돌아서자
그녀는 우연히 같은 리듬으로 춤을
그리고 당신은 생각나지 않는 음악을 찾아 바다로

우리는 마침내 서로 다른 황혼이 되어
서로 다른 계절에 돌아왔다
무엇이든 생각하지 않으면 물이 돼버려
그는 영하零下의 자세로 정지하고
그녀는 간절히 기도를 시작하고
당신은 그저 뒤를 돌아보겠지만
성탄절에는 뜨거운 여름이 끝날 거야
우리는 여러 세계에서 모여들어
여전히 사랑을 했다
외롭고 달콤하고 또 긴 사랑을

/ 김한민

생의 의미와 목적 그리고 사회에 대한 소속감을 철저히 잃어버린 6명의
'림보족'들이 황폐함의 나라 제82국에서 벌이는 게릴라식 저항 과정을 다룬 그
래픽 노블 『카페 림보』를 원작으로 한 창작극이다.

『카페 림보』가 선언이라면 그것은 확신이 부족한 선언, 말을 내뱉었기에
책임지는 실천의 강도가 말을 능가하는 선언이다. 만약 그것이 매체라면 그 형
식은 브로드캐스팅Broad Casting이 아니라 내로우캐스팅Narrow Casting이어야 한
다. 또는 그것이 잡지라면 만드는 것보다는 누구의 손에 쥐어져 어떤 무기로
사용되는가에 초점을 맞춰야 한다. 위로라면, 그 위로는 한 번도 제대로 위로
받지 못한 사람을 겨냥해야 한다. 시라면, 그 시는 손을 가눌 수 있는 모든 이
가 말없이 도전하고 있는 형식이어야 한다. 전쟁이라면, 우리에게 필요한 것은
선동가가 아니라 거울, 적이 아니라 아지트이다. 시의 목적에 관한 질문이라면,
그것은 자살 방지책 말고 대체 무엇인가? 소속에 관한 것이라면, 우리를 대변
하는 것은 소속과 상관없는 차원에서 저지르는 짓이다. 각성에 관한 것이라면,
주의만 환기시켜놓고 어디론가 내빼는 손쉬운 짓은 말아야 한다. 돌파구라면,
나의 몸에 구멍을 뚫어서라도 내어야 하는 것이다. 느슨한 연대라면, 우리 사이
의 거리는 어떤 위기에도 춤을 추기에 적당해야 한다.

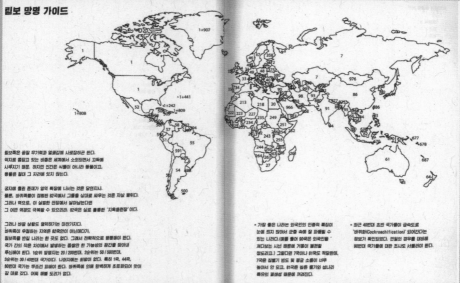

김한민, 『카페 림보』, 워크룸프레스, 2012

/ 최장원

가리봉동에 위치한 난민인권센터에는 삼각형 모양의 마당이 있다. 이 대지의 꼭짓점에서 소외된 '작은 점'을 발견하고 그 점이 반응하고 확장되는 과정을 지켜본다. 작은, 난민이라는 존재가 난센을 만나 '점'에서 '원'으로 자란다. 원은 '나'와 '타인'이 만드는 사이 공간이며, 원의 크기가 점점 커져서 만들어지는 원뿔의 형태는 그들의 존재와 메시지를 세상에 알리는 확성기의 개념을 담고 있다.

방을 잃어버린 사람들, 우리는 그들을 '난민'이라고 부른다. 그들의 존재는 너무 작아 우리의 시선에서 보이지 않는다. '왜 고국이라는 방을 잃어버렸는지?' '왜 가족을 버리고 국경을 넘어야 했는지?' 그들의 '잃어버린 방'을 찾기 위해서는 먼저 그들의 목소리를 들을 수 있어야 한다.

2013년 난민주간은 '세계 난민의 날'(6월 20일)이 있는 6월 15일부터 6월 21일까지의 주간으로, 이 기간 동안 시민들을 대상으로 난민에 대한 인식 개선 및 세계 난민의 날 기념을 위한 퍼포먼스 및 캠페인을 벌였다. 영국과 호주에서 사용되고 있는 난민주간의 로고를 3차원으로 재해석하여 행사 장소인 광화문광장에 적용하였다. 국제적인 기호를 이용하면서도 한국이라는 지역적 차별성을 가질 수 있도록 했고, 동시에 새로운 문화—디자인 콘텐츠를 통한 국제적인 교류와 정보 공유를 목표로 하고 있다. 난민이라는 한 사람의 인생을 담은 '구'가 광장에 놓이고, 사람들은 〈난민 따라 걷기〉라는 프로그램을 통해 구를 굴리면서 그들의 숨은 이야기들을 접하게 된다.

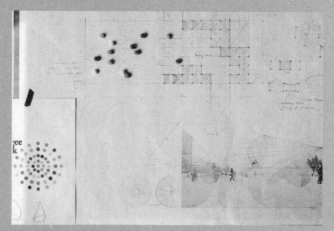

최장원 〈Resonance of DOT〉, 2013

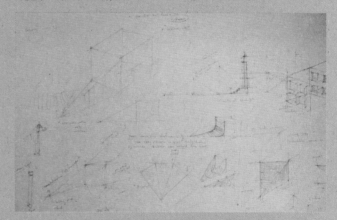

최장원, 〈작은 점을 위한 방–난민인권센터(NANCEN)〉, 종이 위에 연필, 2013

최장원, 〈작은 점을 위한 방〉, 난민주간을 기념하기 위한 오브젝트, 광화문광장 설치, 2013. 6. 15.